Uwe-Michael Gutzschhahn (Hrsg.)

Sprung ins kalte Wasser

Sprung ins kalte Wasser

Herausgegeben von
Uwe-Michael Gutzschhahn

Carl Hanser Verlag

Alle Geschichten wurden von den Autorinnen
für diesen Band geschrieben.

Die Schreibweise in diesem Buch entspricht
den Regeln der neuen Rechtschreibung.

Unser gesamtes lieferbares Programm
und viele andere Informationen finden Sie unter
www.hanser.de

1 2 3 4 5 08 07 06 05 04

ISBN 3-446-20445-8

Einbandgestaltung: Peter-Andreas Hassiepen, München,
unter Verwendung eines Fotos von Henry Horenstein
© photonica/Henry Horenstein
Satz: Satz für Satz. Barbara Reischmann, Leutkirch
Druck und Bindung: Freiburger Graphische Betriebe
Printed in Germany

You're watching your step
but you fall as you're walking.
You take it in stride
but still you fall as you're walking.
HEATHER NOVA

I would've warned you, but really,
what's the point?
Caution could but rarely ever helps.
FIONA APPLE

There is no turning back.
There is always one more town
a little further down the track.
NICK CAVE

Malin Schwerdtfeger

Violeta

Als Kind trug Violeta immer Blanko-Adoptionspapiere mit sich herum. Zwei Schreibmaschinenseiten mit Leerzeilen zum Ausfüllen, zweimal gefaltet. Diese Papiere hatte sie selbst getippt, auf der Schreibmaschine unserer Mutter. Sie steckten immer in ihrer Jackentasche. Allerdings kamen sie selten zum Einsatz, insgesamt vielleicht fünfmal, und das geschah nur, wenn Violeta einem wirklich interessanten Menschen begegnete. Violeta musste einen Menschen schon sehr interessant finden, damit sie ihm ihre Adoptionspapiere vorlegte. Doch niemand unterschrieb. Den Erwachsenen, die ihre Papiere zu sehen bekamen, ging der Spaß zu weit. Für Violeta aber war es kein Spaß. Sie dachte, in dem Moment, da jemand unterschriebe, käme sie von zu Hause fort. Sie dachte, in dem Moment würde sich ihr Leben von einer Sekunde auf die andere plötzlich und vollständig ändern.

Als Kind wollte Violeta adoptiert werden und sie wollte immer alles über die Liebe wissen. Unsere ältere Schwester hatte uns erzählt, dass, wenn man liebe, sich alles von einem auf den anderen Augenblick plötzlich und vollständig ändere. Wir sahen genau, was sich änderte, wenn unsere Schwester verliebt war: Das Telefon klingelte und sie zündete sich erst einmal hysterisch eine Zigarette an, bevor sie den Hörer abnahm. Sie wusch sich mehrmals täglich, auch untenrum und den Pony, und cremte sich überall ein. Sie räumte ihr Zimmer auf. Sie trug andere Schuhe. Sie kaufte ein und kochte kompliziert. Das alles kam uns sehr lächerlich vor und sah nie nach wirklicher, schlagartiger und grundlegender Veränderung aus, zumal sie sich dann jedes Mal wieder zurück änderte, wenn sie sich trennte. Sie zerriss Sachen und schmiss sie aus dem Fenster und alles war wieder wie vorher. Violeta kam zu dem Schluss, dass unsere Schwester keine Ahnung von der Liebe hatte. Deshalb versuchte sie, sie am eigenen Leib zu erfahren. Jedes Mal, wenn unsere Schwester einen neuen Freund hatte, wandte Violeta den gleichen Trick an: Wenn wir zusammen im Wohnzimmer saßen, rollte sie sich neben dem neuen Freund auf dem Sofa zusammen, reckte ihm ihr Gesicht entgegen und tat so, als ob sie schliefe. Sie wusste, dass ein schlafendes Kind mehr Zärtlichkeiten abbekommt als ein waches. Fast immer strich der Freund unserer Schwester dann über Violetas Wange oder durch ihr Haar und Violeta war ein bisschen zufrieden, aber nur ein bisschen. Sie versuchte sogar, sich in die Freunde unserer Schwester zu verlieben, aber es gelang ihr auch immer nur ein bisschen. Das alles dauerte ihr zu lange. Sie brachte fast alle Jungs in ihrer Klasse nacheinander dazu, mit ihr zu gehen und sie sofort zu küssen, aber wenn sie sie geküsst hatte und es trat keine grundlegende Veränderung ein, beendete sie das Ganze noch im selben Augenblick. Es ging ihr nicht darum, schmallippige, schmutzige, nach Weichspüler riechende Jungs zu küssen. Es ging ihr um die Erkenntnis und die Veränderung und niemand konnte ihr helfen. Ich nicht, denn ich hatte noch weniger Ahnung von der Liebe als Violeta, und unsere Mutter schon gar nicht.

Unsere Mutter war damals sehr dick. Ich mochte ihren Bauch und ihre Brüste, sie waren groß und weich wie Weißbrot und ebenso wenig peinlich wie Weißbrot. Doch meiner Schwester Violeta war unsere Mutter peinlich. Sie mochte sie einfach nicht. Den Erzählungen nach hatte sich Violeta schon am ersten Lebenstag von ihr abgewandt, als sie zum ersten Mal diese riesige Brust angeboten bekam. Seitdem wollte sie mit all dem nichts mehr zu tun haben und dachte über Wege nach, von zu Hause wegzukommen und ihr Leben zu ändern.

Als sie zwölf war, kam Violeta schließlich auf die Idee mit dem Ballettinternat. Davon war sie von nun an wie besessen: Sie wollte unbedingt auf ein Ballettinternat. »Dann geh überhaupt erst mal zum Ballett«, sagte unsere Mutter. »Außerdem bist du zu schlecht in der Schule.« Aber Violeta ging es nicht um das Ballett, es ging ihr nur darum, von zu Hause wegzukommen. »Geh du doch zum Ballett«, sagte Violeta zu mir. »Eine von uns sollte wirklich hingehen. Ich habe leider im Moment keine Zeit.« Violeta hatte immer Zeit, denn sie machte nie Hausaufgaben und schwänzte oft die Schule – weil sie keine Hausaufgaben hatte und weil sie in der Schule nichts besonders konnte oder mochte. Unsere Mutter schrieb ihr dann Entschuldigungen und besorgte ihr Atteste. »Geh zum Ballett«, sagte Violeta. »Du kannst mir dann davon erzählen und ich mache mir Notizen und eigne mir alles in einer stillen Stunde an.«

Ich ging zum Ballett, jeden Montag, für Violeta. Die Ballettlehrerin war Russin und trug immer eine Art selbst gestrickter Strampelanzüge in Schwarz, Weiß oder Rot, denn ihre eigentliche Leidenschaft war der moderne Ausdruckstanz. Sie war schon sehr alt, bestimmt achtzig, und trug ihre glatten, rot gefärbten Haare wie einen Helm. Jeweils am Ende jeder Stunde mussten wir improvisieren. Wir mussten uns vorstellen, wir seien ein Troll, ein Blitz, der Zorn oder die Liebe. Ich, die ich gedacht hatte, wir müssten uns die ganze Zeit über an der Ballettstange die Füße verrenken, war sehr froh darüber, denn ich war nicht sehr gelenkig. Ich erzählte Violeta von den Improvisationen über Fabelwesen, Wettererscheinungen und die Liebe. Als Violeta davon hörte, wollte sie doch zum Ballett. Am folgenden Montag gingen wir zusammen zum Unterricht. Violeta hatte eine Plastiktüte dabei und in der Umkleidekabine holte sie eine schwarze Strumpfhose aus dieser Plastiktüte und einen schwarzen Turnanzug mit langen Ärmeln, sie zog die Sachen an und sah darin aus wie eine Spinne. Wir anderen hatten um weiße Strumpfhosen und rosa Ballettanzüge und Tutus gekämpft. Wir hatten sie immer mit, wie wir nun wussten, völlig fehlgeleitetem, völlig ahnungslosem Stolz getragen und sahen jetzt neben Violeta aus wie fette kleine Ferkel.

Violeta ging zur Ballettlehrerin, die sich am Klavier festhielt und ihre Muskeln dehnte, und gab ihr die Hand. »Ich bin zum Improvisieren gekommen«, sagte Violeta. »Das andere interessiert mich weniger.«

»An die Stange!«, sagte die Ballettlehrerin.

An diesem Tag quälte die Lehrerin uns ewig an der Stange. Dabei ließ sie die Augen nicht von Violeta und demonstrierte alle Übungen an ihr, sie ließ Violeta mit beiden Händen die Stange greifen und bog ihr das Bein so weit nach hinten, dass ihre Fußspitze den Hinterkopf berührte, sie ließ sie das Bein auf die Stange legen und drückte ihr den Kopf nach unten, bis Violeta mit der Nase gegen ihr Knie stieß und die Rückenwirbel knackten. Violeta hasste Sport, sie hatte immer ein Attest und weigerte sich normalerweise sogar, etwas so Einfaches und Ungefährliches wie einen Purzelbaum zu machen. Als die Ballettlehrerin sie nun in ihrem Schraubgriff hielt, sah es aus, als müssten Violeta alle Knochen aus den Gelenken springen, doch Violeta verzog keine Miene. Nach einer Dreiviertelstunde sagte die Ballettlehrerin endlich: »Improvisation!« Wir lehnten uns lässig an die Stangen oder setzten uns darunter auf den Boden, wie man es eben machte, wenn improvisiert wurde. Wir legten einander die Arme um die Schultern. Violeta stand da, die Arme verschränkt, und berührte nichts und niemanden als sich selbst.

»Zu Weihnachten werden wir ein Ballett für die Eltern aufführen«, sagte die Ballettlehrerin, »Ich habe es selbst geschrieben und choreographiert. Es geht um die heilige Johanna von Orléans, habt ihr von ihr gehört?« Die meisten nickten, obwohl keine je von ihr gehört hatte, aber die Ballettlehrerin war zu alt, um es zu merken. »Ich möchte, dass ihr jetzt eure eigene Vorstellung von der heiligen Johanna improvisiert.« Der Korrepetitor am Klavier räusperte sich und fing an zu spielen und wie immer bei der Improvisation vergriff er sich dauernd, denn der Korrepetitor improvisierte dann auch. Er war fast so alt wie die Ballettlehrerin, hatte etwas mit dem Kehlkopf und redete kaum, räusperte sich nur und spielte zum Ende der Stunde hin immer unsauberer. Er nahm einfach immer ein paar Töne zu viel mit. Sein ganzes Spiel klang schmutzig und belegt wie seine Stimme. Insgesamt hatte es etwas von einem sehr langen Räusperer.

»Du«, sagte die Ballettlehrerin zu Violeta, »du bist doch zum Improvisieren gekommen, also improvisiere etwas über die heilige Johanna!«

»Vielleicht könnte möglicherweise erst mal jemand anderer etwas über diese heilige Johanna improvisieren«, sagte Violeta höflich. »Ich bin eigentlich wegen der Liebe gekommen. Ich wollte etwas über die Liebe improvisieren.«

»Es geht hier um die Jungfrau von Orléans«, sagte die Ballettlehrerin.

»Die Jungfrau von Orléans kann ich nicht. Ich bin hier wegen der Liebe.«

Der Korrepetitor klimperte und räusperte sich und die Ballettlehrerin sagte wütend: »Dann mach, was du willst«, und Violeta stellte sich in die Mitte des Raums. Wie eine Stecknadel stand sie da, sehr dünn, die blonden Haare straff an den Kopf gekämmt. Sie schaute zum Korrepetitor hinüber, bevor sie den Kopf senkte, sie hielt ihn lange gesenkt und zwang den Korrepetitor damit, piano zu spielen, sogar pianissimo, bis man die überflüssigen Töne kaum noch hörte, dann hob sie den Kopf wieder, langsam, und schlug die Augen zur Decke auf.

Sie begann, die langen schwarzen Arme zu recken. Dann ließ sie sich auf den Boden fallen und wand sich dort wie ein Wurm. Sie krümmte sich verzweifelt, richtete sich wieder auf, flehte die Decke an unter dem plötzlich erstaunlich klaren Fortissimo des Korrepetitors, brach wieder in sich zusammen, bis sie sich allmählich schwer atmend wieder beruhigte. Sie stand auf, zog sich das Gummi aus den Haaren und tanzte wild und fröhlich durch den Raum, bis sie plötzlich hinfiel, als sei sie gegen eine Glaswand gerannt. Der Korrepetitor griff eine Dissonanz, Violetas Haare fegten über den Boden und ganz zum Schluss endete Violeta auf den Knien und führte den Korrepetitor, die Hände gefaltet, hinein in eine strahlende Choralpassage. Das Haar stand ihr hell, wirr und elektrisch um den Kopf.

Die Ballettlehrerin schaute uns an und zeigte auf die kniende Violeta. »Die Jungfrau von Orléans!«, sagte sie feierlich.

Es war das erste und letzte Mal, dass Violeta zum Ballett ging. »Jeden Montag mache ich das nicht«, sagte sie und rieb sich die Innenseiten ihrer Schenkel. Violeta hatte die Rolle der heiligen Johanna bekommen, aber dass sie sie bekommen hatte, genügte ihr. Sie küsste keine Jungs mehr und reckte den Freunden unserer Schwester nicht mehr das Gesicht hin. Ihre Adoptionspapiere trug sie immer noch ständig in der Jackentasche mit sich herum. Ich glaube aber, dass meine Schwester Violeta irgendwann beschlossen hat, sie niemandem mehr zu zeigen.

Maike Wetzel

Arme Ritter

Manchmal sprechen wir noch von ihr. Wir fragen, wie mag es ihr gehen? Wir sagen es abwesend zwischen Gedanken an Einkauf und Theaterkarten. Wir wollen nicht wirklich wissen, wie es ihr geht. Wir denken an die Armen Ritter, die sie kochte; von Ei durchweichter Zwieback, in der Pfanne gebacken, glänzend vor Fett, mit Zucker und Zimt bestreut. Der Zimt fraß sich mit kühlem Brennen in die Zunge. Arme Ritter. Wir mochten sie wegen des Namens. Ihren Namen mochten wir nicht. Gudrun, so heißen Heldenfrauen. Doch sie war eher ängstlich.

Wenn wir von ihr sprechen, blicken wir auf unsere Hände. Wir bewegen die Finger, nur um zu sehen, wie die Knochen unter dem Geflecht der Adern spielen. Unsere Hände verschränken sich miteinander und wir hören die Musik aus dem Wohnzimmer. Die Melodie ist einfach. Nur einige wenige Gitarrentöne und ein gleichmäßiges Schlagzeug dazu. Beruhigend. Wir hören nichts anderes. Die Tassen auf dem niedrigen Rattantisch vor uns haben braune Ränder vom Tee. Wir machen uns nicht die Mühe, sie zu spülen.

Es ist alles verschwunden, Gudruns Hundeplakate, die indischen Kissen, bestickt mit Spiegelamuletten, der Kleiderständer, behängt mit den

Flohmarktkleidern. Diese Wohnung schien ohne sie im Lehnstuhl, am Küchentisch, in der Fensternische, auf dem Samtsofa nicht vorstellbar, doch es ist unsere geworden. Gudrun ist fort. Am besten erinnern wir uns an ihr Parfüm. Wenn sie aus dem Bad trat, hing es um sie wie ein alter Umhang. Ein Umhang, der auf dem feuchten Speicher lagerte. Es roch abscheulich, trotzdem wollten wir unter ihre Haare greifen, wir wollten wissen, woher der Geruch kam. Wahrscheinlich war es gar kein Parfüm, sondern der Geruch von Seidentüchern, vermischt mit Kakao-Shampoo und Zigarettenrauch. Wir sahen nie eine Karaffe mit einem Designernamen darauf, auch keinen Zerstäuber, den sie jeden Morgen auf ihren Hals richtete. Ihr Geruch war wohl die Summe der Dinge, die sie täglich umgaben. Die Dinge waren alt, modrig.

Als wir das erste Mal Gudruns Wohnung betraten, waren unsere Wangen rot vom Novemberwind, unsere Finger gefühllos in den Handschuhen. Wir hatten ihr geschrieben, dass wir kommen wollten, dass uns die Stadt gefiele, dass wir uns eine Wohnung suchen würden. Wir erinnerten uns kaum noch an sie. Sie war eine körperlose Telefonstimme gewesen, die sich zwischen den Jahren und zu unserem Geburtstag meldete, unterbrochen vom Klicken der Geldstücke im Fernmünzapparat. Sie hatte kein Telefon. Man sagte uns, sie sei bei unserer Taufe zum letzten Mal im Dorf gewesen. Wir verstanden sie gut. Erst nach acht Wochen hatten wir Antwort auf unseren Brief erhalten. Ihre Zeilen waren eng geschrieben, die Buchstaben klammerten sich aneinander, hoch aufgerichtet. Ihre Schrift marschierte. Sie schrieb: »Biegt ihr um das Eckhaus mit der rauchigen Kneipe darin, seht ihr in diesem Monat erst um zwölf, sonst früher, eine Straße aus Gold. Die Sonne scheint euch entgegen, als hinge sie knapp über dem Teer, ein zu stark eingestellter Scheinwerfer.« Wir fanden, es klang wie ein kitschiger Katalog, wie eine plumpe Wirtin, die versucht, poetisch zu sein. Zur angegebenen Zeit machten wir uns auf den Weg.

Das Haus protzte mit Löwentatze an der Eingangstür und einem Glasdach über dem Treppenhaus, doch das Metall an der Tür war grün oxidiert, der Putz blätterte von den Wänden. Mit den Augen maßen wir die Deckenhöhe, als wir die Treppe hinaufstiegen. Die Wohnungen waren niedriger als erwartet, dafür schienen sie uns warm, leicht zu heizen. Wir lasen die Namen an den Klingelknöpfen. Keines der Schilder war bedruckt, die Mieter hatten alle Tintenfüller oder Bleistift benutzt. Auf jedem Stockwerk umfing uns ein anderer Essensgeruch. Rotkohl im Erdgeschoss, im ersten Schweinegulasch mit Banane, im zweiten gab es schon Kaffee und Nusskuchen. Vor Gudruns Tür im dritten Stock schnüffelten wir vergeblich. Sie kochte nie. Das wussten wir damals nicht. Nur für uns warf sie ihren Herd an, später. Ihr Joghurt wuchs in einem Glas in der Küche, die Milch dazu war Rohmilch, deren Kuhgeruch allein reichte, uns den Magen umzukippen. Doch das erfuhren wir erst später. Wir suchten einen Platz, kein Essen. Unschlüssig scharrten wir vor der geruchlosen

Tür mit den Füßen. Wir schauten aus der Etagenluke, um einen Blick auf die Fenster der Wohnung zu werfen. Bei Halbgardinen mit Lochstickerei wären wir wieder gegangen. Die hatten wir gerade erst verlassen. Eine Linde, kahl zwar, aber mit dickem Stamm und Ästen direkt in unserer Sichtlinie, versperrte den Blick auf die Fenster.

Wer da?, schrie Gudrun auf unser Klopfen hin, wir riefen unseren Namen und hörten Rascheln hinter der Tür. Papier wurde zur Seite geräumt. Dazu erklang die gesummte Melodie von »Ein Schiff wird kommen«. Wir kannten den Text. Unser Vater hatte die Platte aufgehoben. Jedes Mal, wenn wir die Hülle herumliegen ließen, nahm er sie in die Hand, schaute auf das schwarz-weiße Gesicht mit den Schleierwimpern. Wenn er unseren Blick spürte, legte er sie weg, als habe er die Hülle mit etwas verwechselt und verschwand im Nebenraum. Stumm. Es gab nichts, das er mehr fürchtete als Spott. Gudrun war seine Schwester. An diesem Novembertag vor fünf Jahren öffnete sie uns die Tür. Wir linsten neugierig im Flur umher, auch in die angrenzenden Zimmer hinein. Zeitungen häuften sich überall, sauber gestapelt, mitten im Raum oder entlang den Bodenleisten, sie quollen aus den Schränken und Regalen. Später entdeckten wir auch den Rest von Gudruns Sammlungen. Es gab eine Schublade, prall gefüllt mit Einmachgummis, eine mit Bindfäden in allen möglichen Längen, manche davon waren nur fünf Zentimeter lang. In einer Kiste bewahrte Gudrun geglättete Folien auf, in viele weitere Schachteln stopfte sie Kartons und andere Großverpackungen. Sie hortete so viel Müll, dass es unmöglich war, jemals alle Materialien wiederzuverwerten. Reiseandenken füllten die restlichen Plätze in der Wohnung. Eine türkise Gebetskette aus dem Iran, ein Geldschein aus Odessa mit einem aufgedruckten Tartaren, ein knackender Metallvogel aus Indien, eine hölzerne Giraffe aus Afrika. Unser Vater hatte uns erzählt, dass Gudrun mit einem Komponisten verheiratet gewesen war. Er war schon lange tot. In ihrer Wohnung gab es keine Musik. Manchmal fing sie an zu summen, sprachen wir sie darauf an, leugnete sie, je einen Ton von sich gegeben zu haben. Sie war sich des Summens nicht bewusst.

Wir standen noch immer im Flur. Gudrun sah uns zum ersten Mal. Sie blinzelte, verblüfft. Wir kannten das bereits von anderen. Es würde eine Weile dauern, bis sie uns unterscheiden konnte. Früher hatten wir das ausgenutzt. Im Sportunterricht war immer nur eine von uns über den Bock gesprungen, die Physikexperimente hatte nur eine beherrscht. Wir konnten es uns aussuchen. Gudrun fragte nach unseren Namen. Wir glaubten nicht, dass die Namen ihr etwas nützen würden. Sie konnte unmöglich wissen, wen von uns beiden sie jeweils anredete. Wahrscheinlich scheute sie aus falschem Stolz vor der Frage nach dem uns unterscheidenden Merkmal zurück. Sie wandte sich ab. Langsam, als könne sie sich schwer von dem lösen, was hinter ihr lag. Sobald sie uns den Rücken zuwandte, wurden ihre Bewegungen hektisch. Sie eilte durch die Wohnung, ließ uns im Flur stehen, bot uns Nüsse an, fand dann aber die Dose nicht. Wir zogen unsere Koffer in ein Zimmer. Es war gefüllt mit Regalen bis unter die Decke, eine Matratze lag am Boden. Gudrun folgte uns. Ohne über unsere Wahl zu debattieren schritt sie das Zimmer ab. Sie murmelte Unverständliches. Schließlich schob sie die Matratze mit den Füßen in die Mitte des Zimmers. Wasseradern, sagte sie zur Begründung. Wir erzählten ihr, dass wir sogar direkt neben einer Großbaustelle gut geschlafen hätten. Sie belehrte uns: Der Lärm ist ein innerer. Die Unruhe, ausgelöst vom Fluss des unterirdischen Wassers, ist nicht vergleichbar mit der von Maschinen. Kaum hatte Gudrun den Raum verlassen, schoben wir die Matratze an die Wand. Heute kommt es uns vor, als sei schon damit alles klar gewesen. Dieser Platz war unser Platz.

Die Regeln waren einfach. Sei still und iss. Unser Vater hatte uns das mit auf den Weg gegeben. Er hielt diese Regel für die Pflicht des Gastes. Am Anfang beließen wir es dabei. Wir lagen im Bett, wir waren still, wir aßen. Gudrun heizte erst bei Frost. Sie fand, es war noch nicht so weit. Wenn wir die Fenster öffneten, trieben die staubigen Flusen mit dem Wind auf unsere Matratze zu. Wir pusteten unter der Decke hervor, um sie fern zu halten. Neben unserem schwarzen Laken, auf den braunen, schmutzverkrusteten Dielen, lagen die Zeitungen mit den Wohnungsanzeigen. Wir hatten einzelne Angebote dick umkringelt, rot unterstrichen, Rahmen gezeichnet. Unsere Symbole waren so hastig gekritzelt, dass selbst wir sie nicht mehr entziffern konnten. Wir ahnten ihre Bedeutung. Nachricht hinterlassen, zurückgerufen, zu teuer, zu weit entfernt, zu klein, kein Bad, kein Licht, zu viel Verkehr. Die Telefonate führten wir von einem Münzfernsprecher im Bahnhof aus. Der Lärm um uns herum schien ständig anzuschwellen. Zeitungsverkäufer riefen ihre Ware aus, Reisende zogen ihre Koffer an uns vorbei, laute Durchsagen erklangen, Züge fuhren ab, kamen an. Kein Vermieter bat uns zur Besichtigung, wir klingelten trotzdem. Unserem Vater schrieben wir: »Alles gut. Du weißt schon. Wir suchen, wir finden. Die Bahnsteige im Untergrund sind so geleckt, dass es uns ängstigt. Die Fahrgäste stehen im Patrouillenabstand. Das Mustern von Kopf bis Fuß, von Hutmarke bis zur Schuhsohle, ersetzt hier den Händedruck. Wir laufen viel, verlaufen uns. Lass uns nicht von Wohnraum sprechen. Es gibt ihn nicht. Stattdessen gehen wir in die Kaufhäuser. Unser Zimmer hier ist schön. Luftig, hell. Wir hätten nie gedacht, dass Gudrun deine Schwester ist. Pass auf dich auf.« Wir unterschrieben wie immer mit übereinander gelegten Buchstaben. Unser Vater kannte dieses Knäuel schon. Er konnte als Einziger erkennen, wer von uns den Brief geschrieben hatte. Wir hatten uns alles ausgedacht. Von unserem Plan brauchte er nichts zu wissen.

Wir gingen in die Küche. Gudrun saß dort. Es war dunkel. Ein Bus fuhr unten auf der Straße vorbei. Das Dach des Wagens reflektierte das Licht der Straßenlaternen bis in die Küche hinein. Wie ein Kugelblitz wanderte der helle Fleck über die

Zimmerdecke. Wir setzten uns. Gudrun hatte ein Lehrbuch vor sich liegen, Slowenisch. Sie bekam die Pakete mit den Lektionen in großen gelben Umschlägen zugesandt. Auf einer Zeitschriftenseite hatte ein Setzkasten für zweiunddreißig verschiedene Kurse geworben. Von »Modellschneidern« bis »Physik« könne man per Paket alles lernen. Es war viel zu dunkel im Zimmer, um zu lesen. Gudrun starrte vor sich hin. Wir griffen nach den Laugenstangen aus dem Brotkorb, wir bissen krachend auf das Gebäck. Die Salzkristalle zogen uns die Lippen zusammen. Gudruns Stimme klang vertraulich. Ich weiß nicht mal, wie die slowenische Sprache sich anhört, sagte sie. Wir wussten es auch nicht. Stattdessen fragten wir sie nach den Quadratmetern der Wohnung. Sie schätzte siebzig. Im Kopf rechneten wir die Nebenkosten aus. Gudrun sprach weiter von ihrem Sprachkurs. Das Land ist so klein, die Bevölkerungsdichte gering, aber die Sprache kennt fünfzig verschiedene Dialekte und zwei offiziell mögliche Aussprachen. Das ist, als gäbe es Hochdeutsch eins und zwei. Eine dieser zwei Aussprachen unterscheidet zwischen langen und kurzen, betonten und unbetonten, hohen und tiefen Vokalen. Bei der anderen ist es egal, sie unterscheidet nicht, betont gar nicht. Das ist die Wahl, die man hat. Wie soll das klingen? Wir antworteten nicht. Neben dem Plakat des Nürnberger Eisenbahnmuseums war der Putz aufgeplatzt. Die halbrunden Löcher, zwischen denen sich feine Haarrisse längs der Wand zogen, sahen aus wie eine Kette von weißen Mäusen, die sich gegenseitig in den Schwanz bissen. Es wurden immer mehr. Wir vermuteten, dass Gudrun der zerstörten Wandschale nicht widerstehen konnte und heimlich die Risse erweiterte. Vielleicht war das ihre Art, sich die Zeit zu vertreiben. Ich habe keinen Kassettenrecorder, sagte sie. Ich mag sie nicht, diese Plappergeräte. Sie schicken immer Kassetten mit, für den Kurs. Ich zahle dafür, obwohl ich sie nicht hören kann. Plötzlich wechselte sie das Thema. Habt ihr eurem Vater geschrieben? Sie hatte den an ihn adressierten Brief in der Diele liegen gesehen. Ihre Frage war nur die Einleitung zu einer Anekdote, die wir schon kannten. Er hat Kohle gegessen als Kind, euer Vater. Mutter ging mit ihm zum Arzt. Sie solle ihn nur machen lassen, sagte der. Kinder wüssten, was sie brauchen. Euer Vater hat weiter Kohle gefressen. Ganz schwarz um den Mund wurde er davon. Die Milchzähne sind ihm ja zum Glück später ausgefallen. Sie lachte. Wie geistesabwesend hatten wir angefangen, die Lebensmittel aus den Schränken zu räumen. Gudrun merkte auf. Sucht ihr etwas Bestimmtes? Ich habe nichts da. Wollt ihr was zu essen haben? Sie zog eine Zwiebackpackung aus dem Spülschrank. Wir nickten, räumten aber weiter die Regale aus, während sie begann, Eier zu verquirlen, um die Zwiebackscheiben in der quabbeligen Masse zu baden. Während Gudrun das Ei mit der Gabel schlug, umstellten wir sie mit ihren vor Jahren angebrochenen Kartoffelmehlpackungen, halben Bouillonwürfeln, Tüten mit klumpigem Zucker darin. Wir verteilten all ihre Reste in der Küche. Die verdorbenen

Lebensmittel schmissen wir in eine schwarze Tüte, die übrigen räumten wir wieder ein. Sie landeten in anderen Schränken. Es war praktischer so. Gudrun hatte sich in die Zubereitung der Armen Ritter vertieft. Sie schien uns nicht zu bemerken. Als sie die Zwiebackscheiben in die Pfanne mit brutzelndem Fett schmiss, schlossen wir gerade die Küchentür hinter uns. Wir warfen den schwarzen Sack in den Container im Hof. Als wir zurückkehrten, war die Küche leer. Nur zwei Teller mit dampfenden Armen Rittern standen auf dem Tisch.

Sei still und iss. Das war der Rat unseres Vaters gewesen. Wir hielten uns daran. Wir machten ihn uns zu Nutze. Wir aßen, wir schwiegen. Gudruns Vorräte waren fast aufgebraucht. Es war Winter geworden. Wir blieben öfter in der Wohnung. Wir hatten gelernt, die blau züngelnden Flammen der Gasöfen anzuwerfen. Faul und müde von der Heizungswärme lagen wir auf unserer Matratze und lauschten auf Gudrun, ihre Geräusche. Hatte sie sich in einem Zimmer verkrochen, standen wir auf. Wir entfernten eine Reißzwecke am Blumenposter in der Toilette. Eine Ecke rollte sich ein. Wir waren vorsichtig. Erst ein paar Tage später zogen wir die zweite Reißzwecke aus der Wand, ließen das Poster schief hängen. Als es auf den Boden fiel, nahmen wir es weg. Die Murmeln auf dem Fensterbrett, die bereits dichte Staubkrausen trugen, verschwanden Stück für Stück. Schließlich schleppten wir die Zeitungen körbeweise hinaus. Wir gaben unsere Zurückhaltung auf. Gudrun fragte nach dem Stapel der »Allgemeinen« hinter der Tür, wir sagten, wir hätten ihn nicht gesehen. Sie ließ es auf sich beruhen. Wir räumten weiter auf. Immer häufiger murmelte Gudrun slowenische Bruchstücke in unserer Gegenwart. Wir verstanden kein Wort. Sie kochte nie mehr für uns. Wir schauten uns nicht in die Augen, wir glitten schattengleich aneinander vorbei. An dem Tag, als wir das Bettgestell, stabil wie ein Gefängnisgitter, in unser Zimmer trugen, stand Gudrun plötzlich in der Tür. Sie sagte: Ich möchte, dass ihr geht. Sie sah uns an, wir zeigten keine Reaktion. Sie verließ das Haus. Als sie zurückkam, hatten wir das Schloss ausgewechselt.

Wir ließen Gudrun in die Wohnung, natürlich. Sie stand vor der Tür wie einst wir, mit hektischen roten Flecken auf den Wangen. Sie sagte nichts. Sie ging in die Küche, wühlte in den Schränken. Die gesuchten Werkzeuge, vermutlich einen Schraubenzieher oder eine Zange, fand sie nicht. Ihre Bewegungen waren fahrig. Sie schaute uns nicht an. Wir hatten mit allem gerechnet. Sie hätte uns anschreien können, bedrohen, anzeigen. Doch es geschah nichts. Sie versuchte uns mit stillem Widerstand zu begegnen. Ohne Haustürschlüssel traute sie sich nicht mehr vor die Tür. Wahrscheinlich fürchtete sie, obdachlos zu enden, ausgesperrt für immer. Sie konnte uns nicht mehr vertrauen. Was ihr blieb, waren die Zimmerschlüssel. Damit hatten wir nicht gerechnet. Sie versperrte alle Türen in der Wohnung. Nur unser Zimmer blieb offen. Wir hatten einen Keil zwischen die Türangeln geklemmt. Die Wohnungstür schlossen wir nicht ab. Der Ausgang war frei. Die Vorräte hatten wir gehortet. Es konnte nicht lange dauern. Mit Lesen vertrieben wir uns die Zeit. »Die Teufelsengel an den Dachzipfeln der Pariser Kathedrale Notre-Dame haben ihre nachdenklichen Affengesichter in die Hände gestützt, schauen mit heraushängender Zunge über die Stadt, haben Hörner und Flügel und die nackten Oberkörper schöner Männer.« Wir legten das Buch zur Seite, sahen die Seine um die Kircheninsel fließen, rochen den Tang, der an den Ufern lag, hörten die Möwen. An den Ständen auf der Promenade würden wir ein Buch aus den Kisten ziehen und überrascht den deutschen Titel bemerken. Wir würden den in grünen Stoff eingebundenen Band aufschlagen und lesen: »Die Teufelsengel an den Dachzipfeln der Pariser Kathedrale Notre-Dame haben ihre nachdenklichen Affengesichter in die Hände gestützt, schauen mit heraushängender Zunge über die Stadt, haben Hörner und Flügel und die nackten Oberkörper schöner Männer.« Wir waren eingeschlafen.

Als wir aufwachten, hatten wir weiße Ränder um den Mund, Schlaf in den Augen. Im Bad schaufelten wir uns Wasser ins Gesicht. Das Wasser war kalt, es kam in ärgerlichen Schüben aus dem Hahn, nass spritzte es auf unsere Hosen. Noch schlaftrunken klappten wir die Seitentüren des Hängeschranks nach innen, sodass wir unsere Gesichter bis ins Unendliche gespiegelt sahen. Unsere Zwillingsgesichter, die so gleich waren, dass wir Fremde täuschen konnten. Vor dem, durch das Umklappen der Schranktüren entstandenen, Spiegelkabinett zogen wir Grimassen, drehten das Kinn, ließen Nasen, Ohren, Münder zucken. Tausend Gesichter tanzten in der Tiefe der Spiegel. Wir lachten, wir nickten uns zu. Die blinden Stellen auf dem Spiegel störten uns. Wir würden sie entfernen. Erst jetzt fiel uns die Stille auf. Kein Geräusch, kein Heizungsächzen, kein Wasserrauschen, kein Knarren ihres Rattansessels. Wir gingen durch die Wohnung. Diele, Küche, Schlafzimmer, Kammer. Die Türen waren verschlossen. Gudrun war nicht da.

Wir warteten. Wen konnte sie holen? Die Polizei, die Nachbarn? Wir gehörten zur Familie. Eine kleine wischende Handbewegung vor dem Gesicht, hinter Gudruns Rücken, ein bedeutsamer Blick, das würde genügen. Wir wären wieder allein. Doch die Verstärkung blieb aus. Niemand klopfte. Die Tage verstrichen. Gudrun kam nicht zurück. Wir rüttelten an den Türknäufen, überlegten, die verschlossenen Türen aufzubrechen. Wir warteten ab. Das Bad war offen, das Wasser floss. Wir aßen abgepacktes Vollkornbrot mit Marmelade, schlürften japanische Tütensuppen, die wir mit heißem Leitungswasser zubereiteten, und tranken Brausevitamintabletten. Wir schnüffelten im Treppenhaus nach dem Essen der Nachbarn. Eine von uns blieb immer an der Wohnungstür stehen. Mehr als einen Treppenabsatz weit entfernten wir uns nicht. Die Tage wurden kürzer. Wir schliefen viel. Ein kalter Wind zog durch den Flur. Wir hatten das Fenster in unserem Zimmer geöffnet. Wir vermuteten, Gudrun habe sich in einem der Zimmer eingeschlossen. Wir lauschten. Nichts, kein

Geräusch. Wir bewachten die Türen. Keine öffnete sich. Gudrun blieb verschwunden. Wir wollten uns Nachschlüssel besorgen, einen Dietrich. Wir waren gerade dabei loszugehen, da klopfte es. Durch den Spion sahen wir unseren Vater vor der Tür stehen. Er wirkte klein und gedrungen. Das machte das Fischauge.

Unser Vater trug die Schlüssel für die verschlossenen Türen bei sich. Wir öffneten die Küchentür. Er kannte den Schlüssel nicht. Er war noch nie in der Wohnung gewesen. Wir setzten uns an den Küchentisch. Er gab uns Kekse, krümelige, mit Honig verklebte Haferflocken. Es war ein Angebot. Gudrun hat ... Er verstummte. Sie sagt, es gebe ein großes Missverständnis zwischen euch und ihr? Die Mäusekette aus Haarrissen an der Wand war noch länger geworden. Wir betrachteten sie nachdenklich, während unser Vater weitersprach. Sie wohnt hier seit dreißig Jahren, die Wohnung gehört ihr. Ihr wolltet euch doch eine eigene Bleibe suchen? Er hatte sich eine Zigarette angezündet. Der Rauch zog in unsere Richtung. Wir deuteten auf den Aschenbecher. Ihr habt das Schloss ausgewechselt? War das nötig? Wir nickten. Habt ihr eure Zungen verschluckt? Vor einigen Jahren hätten wir sie ihm noch entgegengestreckt. Jetzt stießen wir sie nur leicht gegen die Innenseite unserer Vorderzähne. Unser Vater trommelte mit dem Zeigefinger auf den Tisch. Da sagten wir, wir seien ausgezogen, groß geworden, über den Berg. Er habe sich nicht einzumischen. Nicht mehr. Er schaute uns lange an, erst ungläubig, dann entschlossen. Er legte die Zimmerschlüssel auf den Tisch. Küche, Wohnzimmer, Schlafzimmer. Er las die Schilder am Schlüsselbund. Er sagte, bis Donnerstag werft ihr den Haustürschlüssel in den Briefkasten im Erdgeschoss. Gudrun kommt und holt ihn ab. Wenn ihr einen Funken Anstand in euch habt, dann wisst ihr, was zu tun ist. Ich hoffe, ich habe mich nicht in euch getäuscht. Ich kenne euch besser als jeden anderen Menschen. Er ersparte uns die Geschichte mit dem Blut und dem Erbe. Am Ohr hatte er noch einen Rest Rasierschaum. Eine von uns feuchtete ihren Finger an und verrieb das Weiß auf seiner Haut. Er drehte den Kopf zur Seite, weg von uns. Danach sprach keiner mehr ein Wort. Es war das letzte Mal, dass wir uns sahen.

Es war alles so einfach, dass es uns manchmal unglaublich erscheint. Wir warfen den Schlüssel nicht in den Briefkasten, stattdessen kauften wir neue Möbel, polierten die alte Tischplatte auf, stellten Blumen ans Fenster. Den Fragen der Nachbarn wichen wir aus. Ein Laster holte Gudruns Hausrat ab. Die Möbelpacker erzählten uns, Gudrun wohne noch in derselben Stadt, in einem Apartment am Rande des Industriegebietes. Wenn wir aus dem Fenster in Richtung Kraftwerk blicken, denken wir an sie. Sie ist nie vorbeigekommen. Manchmal sprechen wir noch von ihr. Wir fragen, wie mag es ihr gehen? Wir sagen es abwesend zwischen Gedanken an Einkauf und Theaterkarten. Wir wollen nicht wirklich wissen, wie es ihr geht. Uns geht es gut.

Alexa Hennig von Lange

Man muss es durchmachen

Als ich sechs Jahre alt war, wurde mein Bruder geboren. Bis zu diesem Zeitpunkt ging es meiner Mutter neun Monate schlecht, wie sie einmal zu ihrer Freundin Helga am Telefon sagte, als sie dachte, dass ich nicht im Zimmer bin. Aber ich stand direkt hinter ihr, und als Mama mich bemerkte, fing sie plötzlich an zu lachen und fingerte nervös in meinen Haaren herum.

Den ganzen Sommer über saß Mama draußen im Garten auf dem gelben Klappstuhl unter der blühenden Akazie und wartete, dass mein Bruder endlich kommen würde. Das Warten war bestimmt nicht angenehm für sie, weil sie aus irgendeinem Grund befürchtete, mein Bruder könne »einen Wasserkopf« haben. Das hatte sie Helga auch noch am Telefon anvertraut und ich hätte zu gern gewusst, was ein Wasserkopf ist. Aber Mama wollte nichts von dem Thema wissen und hat stattdessen zwischen die Büsche und den Lavendel geguckt. In diesem Sommer redete Mama nicht sehr viel, weil sie »damit beschäftigt war, sich Sorgen zu machen«, wie Papa behauptete. Mama saß nur da. Ab und zu winkte sie mir zu, wenn ich auf der Stabschaukel saß und schaukelte, bis mir schlecht wurde. Ich sollte zu ihr kommen, damit sie mich drücken konnte. Mama drückte mich ständig an sich, aber selten küsste sie mich. »Küssen ist was für Erwachsene«, sagte sie immer und Papa meinte: »Das ist doch Blödsinn.« Papa küsste mich gern, was er von mir aus hätte lassen können, weil seine Lippen dabei feucht waren, und angenehm war die Sache nicht. Aber Mama war richtig süchtig danach, mich an sich zu drücken, schon allein weil sie Sorge hatte, dass ich meinen noch nicht geborenen Bruder als »bedrohliche Konkurrenz« empfinden könnte. Das wusste ich, weil ich zufällig ein geheimes Gespräch zwischen Mama und ihrer Freundin Helga mit angehört hatte, als sie vor meinem Fenster auf dem Weg standen. Sie sprachen leise, aber mein Fenster war offen und immer, wenn Leute leise sprechen, ist klar, dass niemand mitkriegen soll, worüber sie reden. Also habe ich den blauen Knetgummiklumpen, der auf meinem Fensterbrett lag, weich geknetet und genau hingehört. Es wurde überlegt, ob ich »eifersüchtig« auf meinen Bruder reagieren würde, wenn er endlich geboren wäre, und Helga war sich »absolut sicher, dass es zu einer komplizierten und nervenaufreibenden Phase kommen wird«. Anschließend hat sie Mama ganz viele schlimme Geschichten aus dem Bekanntenkreis erzählt und sie ordentlich verrückt gemacht. Als Mama im Abenddämmer reinkam, sah sie ganz erschöpft aus.

Ständig fummelte Mama an mir herum, das war wie eine Sucht und »irgendwie manisch«, wie Papa manchmal zu Mama sagte, wenn er mitbekam, wie sie mich schon wieder von der Schaukel holte. »Nun lass doch mal das Kind in Ruhe!« Ich klemmte in Mamas Armen fest. »Mein Lieblingskind, mein Lieblingskind. Du darfst mich nie verlassen!« Ehrlich gesagt hatte ich das auch nie vor. Aber Mama schien daran Zweifel zu haben: »Ich überschütte dich mit Liebe!« – »Mit manischer Liebe!«, wie Papa einmal schrie, als ich weinte, weil Mama nicht vom Einkaufen wiederkam. Ich saß heulend auf meiner Schaukel und Papa lackierte im ersten Stock die Fensterrahmen grün. Überall duftete es nach Farbe und »wegen der giftigen Dämpfe« sollte ich eigentlich gar nicht im Garten sein. Aus dem Grund war Mama auch einkaufen gegangen, »dass dem Ungeborenen nichts passiert!«, und überhaupt wollte sie schon längst zurück sein. Ich hatte Sorge, dass Mama etwas passiert war, weil sie seit neuestem sagte: »Ihr werdet schon sehen! Eines Tages ...!« Aber dann ging der Schlüssel in der Gartentür und Mama kam mit ihrem dicken Bauch und den vollen Taschen rein. Da war Papa schon ordentlich bedient vom ganzen »Weiberkram«, besonders nachdem Mama ihm noch vorgemacht hat, dass sie jetzt frühzeitige Wehen bekäme, weil er sie »mit seiner überflüssigen Lackiererei« gezwungen hatte einkaufen zu gehen.

Letztendlich hat ein Schlag nach einer der vielen Mücken dieses Sommers, auf die Mama allergisch reagierte, die entscheidenden Wehen ausgelöst und dann musste auch schon alles ziemlich schnell gehen, weil Mama das Gefühl hatte, dass mein Bruder bereits in ihrem »Geburtskanal steckt«. In aller Eile wurde ich zu unseren Nachbarn abgeschoben. Mama wollte nicht, dass sich Helga in ihrer Abwesenheit an mir vergriff und mir Blödsinn einredete. Unsere Nachbarn hatten zwei grüne Wellensittiche und diesen riesigen Hund mit den schwarzen, stinkenden Locken. Inzwischen ist Blacky tot, weil er letzten Sommer aus Versehen das Kabel vom Rasenmäher durchgebissen hat. Das war ein Geschrei da drüben auf der anderen Seite des Gartens! Überall hat es nach verbranntem Fleisch gerochen, so als sei beim Grillen ein Würstchen verkokelt, und das war Blackys Fleisch und dann war er eben tot.

Von drinnen, vom Fenster unserer Nachbarn aus, habe ich zugeguckt, wie Papa Mama ins Auto beförderte. Blacky hat an meinen nackten Knien rumgeleckt und Mamas Gesicht war sehr weiß und voller Schweiß und sie hat die Augen fest zusammengedrückt und die Zähne gezeigt. Normalerweise konnte Mama immer lächeln, wenn es nicht gerade aus ihr rausgebrochen ist: »Ihr werdet schon sehen! Eines Tages ...!« In so einem Fall hat sie sich im Flur am Treppengeländer festgeklammert und geweint, bis ich dazugekommen bin. »Mama!«, habe ich geflüstert. »Mama, hab keine Angst!« Sofort hat sie wieder gelacht, in meinen Haaren rumgefummelt und gesagt: »Komm, wir machen es uns gemütlich!« So war Mama. Und am nächsten Tag haben Papa und ich sie im Krankenhaus besucht, um uns meinen Bruder (ohne Wasserkopf) anzusehen.

Papa hielt mich an der Hand fest, damit ich nicht auf die Idee kam, durch die Krankenhausgänge zu flitzen. Aber so blöd war ich damals schon nicht, außerdem hatte ich mich mit weißer Puffärmelbluse und dunkelblauem Faltenrock schick gemacht, damit Mama staunte, wie gut sie mich erzogen hat. Ich weiß noch, in dem Krankenhaus war es sehr still und Papa und ich waren die Einzigen auf dem Gang, die über den grauen Linoleumboden quietschten, und da kommt man sowieso nicht auf den Gedanken, rumzuflitzen. Wo hätte ich auch hinflitzen sollen? Ich wollte ja meinen Bruder sehen und Mama. Ich hatte kaum eine Vorstellung davon, wie es sein würde, Mama mit einem neuen Kind auf dem Arm zu sehen, ob es mir wehtun würde, ob ich eifersüchtig oder so etwas sein würde. Aber das ist dummes Zeug und man kann gar nicht eifersüchtig auf so ein kleines Baby sein, was nicht mal im Arm der Mutter liegt, sondern in einem Glasbettchen neben dem Bett der Mutter. Da lag nämlich mein Bruder drin, als Papa und ich ins Zimmer kamen. Mama hatte eine Menge Kissen hinter sich stecken und war ungewöhnlich blass und irgendwie habe ich sie nicht sofort erkannt, weil sie so anders aussah. Trotzdem habe ich ihr einen Kuss gegeben und mich von ihr drücken lassen und danach konnte ich endlich in das Glasbett gucken, in dem mein Bruder lag, und ich dachte: Schneewittchen liegt da! Ich habe mich hoch auf die Zehenspitzen gestellt, um über den Glasrand sehen zu können und meine Hand reinzustecken, schließlich wollte ich meinen Bruder streicheln, wie er so friedlich dalag und schlief. Sein Kopf war ganz normal und voller schwarzer Haare und seine Fäustchen lagen rechts und links neben seinem Kopf und er war wirklich sehr klein. Wer noch nie ein echtes Baby kurz nach der Geburt gesehen hat, kann sich nicht vorstellen, wie klein es ist, man muss das Baby anfassen, um zu begreifen, dass es echt ist, weil es so etwas Außerirdisches an sich hat und reden kann es auch nicht und natürlich fragt man sich, woher so ein Baby kommt, und auf einmal ist das Bettchen weggerollt. Mama hat sich hochgerappelt und ganz erschrocken gesagt: »Vorsicht! Nicht anfassen! Das macht ihn krank!« Und mir war nicht ganz klar, was sie meinte, und dann fing mein Bruder an zu weinen und bekam so komische hektische Flecken im Gesicht und plötzlich ging es um »Dreckhände und Bakterien und kleine Babys ohne Immunsystem«. Da ist Papa rausgegangen, weil er mal musste. Also habe ich meine Finger von der Sache gelassen und ein bisschen durch die Glasscheibe geguckt und später, als Mama mit einem riesigen Kissen, in dem mein Bruder lag, nach Hause kam, habe ich ihn zum ersten Mal mit frisch gewaschenen Händen angefasst. Immer wieder. Und geküsst. Mama hat gesagt: »Lass das!« Aber ich hab es nicht gelassen, schon allein, weil das Gefühl auf den Lippen so schön war, diese runden Wangen, dieser Geruch. Ich habe meinen Bruder stundenlang geküsst, an seinem Kopf gerochen und ich weiß noch, wie ich ihm, als wir einmal hinten im Auto saßen, versucht habe beizubringen, wie man küsst. »Man macht wie ein Spatz. Schmatz, schmatz!« Mama hat sich zu uns umgedreht und gesagt: »Lasst den Blödsinn!«

Jetzt ist mein Bruder acht Jahre alt und ich bin vierzehn und ich dachte immer, man kann sich aufs Abschiednehmen vorbereiten, in dem man im dunklen Zimmer im Bett liegt und sich Abend für Abend in allen Einzelheiten vorstellt, wie es ist, wenn Mama ihren »großen Tag« hat. Aber das stimmt nicht. Die Angst und die schlimmste Vorstellung bringen gar nichts. »Man muss es durchmachen, das Durchmachen macht einen stark!«, sagt Papa gern und eigentlich ist es das Einzige, was er sagt.

Mamas »großer Tag« kam sehr plötzlich. Niemand außer mir und ihr hatte je damit gerechnet. »Ihr werdet schon sehen!«, hatte sie gesagt und gelacht und Papa hatte gesagt: »Hör endlich auf mit dem Blödsinn! Du machst mich krank. Du machst dich krank! Du machst uns alle krank!« Und das war so ziemlich der einzige Streitpunkt zwischen meinen Eltern, dass Mama gelegentlich von dem Thema »Ihr werdet schon sehen!« anfangen musste. Ich kann verstehen, dass Papa nichts davon hören wollte, weil Mama ja nicht mal krank oder irgendwas anderes war, was darauf hingedeutet hätte, dass bald ihr »großer Tag« kommen würde. Sie war sogar sehr gesund und vergnügt und na ja, manchmal erwischt es genau diese Leute. Das kriegt man irgendwie mit, wenn man sich mal mit so einem Thema anfängt auseinander zu setzen. Plötzlich scheinen an jeder Ecke die vernünftigsten Menschen ihren »großen Tag« zu haben. Nur nicht die, auf die man gut verzichten könnte. Papa sagt: »Jeder ist für irgendjemanden unverzichtbar!« Aber das ist mir egal und ich bin mir ganz sicher, es gibt tatsächlich Menschen, die zu entbehren sind, und welche, die sind gar nicht zu entbehren und dazu gehörte eindeutig Mama. Und jetzt denke ich, dass es meine Schuld ist, dass Mama »von uns gegangen« ist. Helga, die Freundin von Mama, sagt zu mir und zu Papa und eigentlich zu allen Nachbarn: »Es ist klar, dass sich die Kinder die Schuld geben, wenn so etwas Schreckliches passiert!« Aber ich finde das überhaupt nicht klar und ich weiß auch nicht, warum Helga in letzter Zeit ständig bei uns im Haus rummacht und Essen kocht, und was meinen Bruder angeht, der gibt sich nicht die Schuld. Der hockt neben mir auf der Bettkante und streicht mit seiner kleinen Hand über meinen Rücken, wie ich so erbärmlich dasitze und rumheule. Zwischendrin wische ich mir mit dem Ärmel oder meinem T-Shirt-Saum über die Augen und dann gucke ich raus aus dem Fenster und dahinter ist der Busch mit den giftigen, roten Beeren und im Geäst hüpfen ununterbrochen die Amseln und dieses Rumgehüpfe und Gezwitscher erinnert mich an meinen fünften Geburtstag und darum muss ich noch mehr weinen, weil ab jetzt ohne Mama Geburtstag gefeiert wird, und das ist schade, weil mein Geburtstag immer das Größte für Mama war.

Obwohl mein Bruder erst acht Jahre alt ist, scheint er »das Schicksal«, wie Helga es immer nennt, viel besser als ich tragen zu können und ich nehme an, das liegt an der Erfahrung, die er schon früh in seinem Leben machen musste.

Einmal, als Mama drüben bei Helga war, haben mein Bruder und ich heimlich eine Sendung gesehen, in der ein Sänger mit Schnurrbart auf der Bühne vor tausenden, wirklich vor tausenden von Leuten in ein Mikrofon sang. Über die Köpfe der Zuhörer flog ein Hubschrauber, hinter dem Sänger spielte jemand mit langen Haaren Gitarre und ein anderer mit kurzen Haaren Schlagzeug und plötzlich wurden die Bewegungen von dem Sänger immer langsamer und die Leute haben langsamer gejubelt und geklatscht und dann kam der Abspann. Da hat sich mein Bruder den Namen von dem Sänger (Freddy) gemerkt und sich zu jeder Gelegenheit Musik von ihm gewünscht, die er sich ununterbrochen im Wohnzimmer angehört hat. Na ja, und eines Tages, ich weiß es noch wie heute, saßen mein Bruder, Mama und ich ausnahmsweise in so einem Eiscafé, weil sich bei mir was »körperlich getan hatte«, wie Mama es vorsichtig umschrieb. Mir ging es wirklich schlecht und ich hatte das Gefühl, jetzt bin ich groß und gar nicht mehr klein und schon gar nicht mehr Mamas Kind! Und diese Einsicht war schrecklich und schmerzhaft, aber lange nicht so schmerzhaft wie das, was mein Bruder ab dem Moment durchmachte, in dem wir alle lauschten, was da im Radio gesagt wurde, als wir unser Eis löffelten. Mein Bruder trug wie immer sein »Let's Rock – Freddy!«-T-Shirt, auf dem er und Freddy zu sehen waren und Freddy hatte den Arm um meinen Bruder gelegt und dieses T-Shirt hatte mein Bruder selbst bemalt und es war viel zu groß und schlotterte um seine dünne

Brust, weil es mitten im Winter war und er sich weigerte, »was unters T-Shirt zu ziehen!«, wie Mama ihm immer wieder nahe legte. Aber jetzt schlotterte und zuckte mein Bruder plötzlich nicht mehr. Er saß nur da, kerzengerade, sah uns an und wir sahen ihn an und dann schien die Zeit nicht mehr weiterzulaufen. Langsamer als langsam. Nämlich gar nicht mehr und dann kam der Abspann und da stand es schwarz auf weiß vor unseren Augen: »Freddy ist tot!« Und das war der erste Abschied im Leben meines Bruders. Da war er gerade mal sechs Jahre alt und in dem Alter muss es sehr schwer sein, so »ein Schicksal zu tragen«, überhaupt zu begreifen, und es dauerte sehr lange, bis mein Bruder begriff, dass »Freddy nie wieder einen Schritt machen« würde.

Simone Buchholz

Jupp

Meine Welt ist voller Zeichen. Der Radiomoderator spricht mit seiner Stimme. Der Betonlaster hat eindeutig seine Statur. Die Wolken am Himmel zeichnen sein Gesicht. Und so schaue ich zu ihm hinauf, wenn ich nicht weiter weiß, bete um seine Hilfe, und in dem Augenblick, in dem mir die Tränen in die Augen schießen, kommt hinter irgendeinem Busch eine Amsel hervor und sagt: »Wird schon wieder. Mach einfach weiter. Ich bin ja da. Ich hab meine Augen überall und beschütze dich. Dir passiert nichts.«

Wenn ich gefragt werde, warum ich in Hamburg wohne und nicht mehr da, wo ich geboren wurde, dann lüge ich. Ich sage, dass ich das Gefühl gehabt hätte, abhauen zu müssen, dass Hamburg eben das Erstbeste war, was mir untergekommen sei, und dass ich halt irgendwie hängen geblieben wäre. Ich fange dann an zu fabulieren: Wisst ihr, sage ich immer, wisst ihr, Hamburg hat so was von einem Strand. Die Leute werden angeschwemmt wie Treibholz und bleiben dann da liegen, bis der nächste Sturm kommt. So Sachen erzähle ich, wenn mich jemand fragt, was ich hier mache. In Wahrheit aber ist es so, dass ich hierher kam, so schnell ich konnte, sobald es nicht mehr allzu sehr auffiel. Weil ich wusste, dass er hier sein würde. Natürlich könnte er überall sein, wo er wollte, aber er war schon immer sehr eigensinnig und mir war klar, dass er es sich nicht nehmen lassen würde, Hamburg als Ort seiner Ewigkeit zu wählen. Hier hat er seine großen Erfolge gefeiert, hier hat er gelebt und geliebt und sich zu Tode gesoffen.

In der Nacht, als Jupp starb, schüttete es wie aus Eimern. Es war die Nacht zum 27. November 1980, meine Mutter war seine Tochter und sie hielt ihn die ganze Nacht fest. Ich war damals acht und hielt zu Hause im Spessart Wache vor dem Fernseher. Ich musste ja zur Schule gehen, also hatte ich nicht mitfahren können, als meine Eltern eine Woche zuvor zu Jupp und Oma Rosa nach Hamburg aufgebrochen sind. »Dem Opa geht es nicht gut«, hatten sie gesagt und meine Oma Lisette angerufen, sie möge doch bitte kommen und auf mich aufpassen.

Ich erinnere mich noch haargenau an dieses Gefühl zwischen Freude und Verzweiflung. Ich freute mich so, dass ich meine Oma Lisette bald um mich haben sollte, und gleichzeitig wusste ich, dass etwas ganz Furchtbares passieren würde. Ich wusste nicht, was. Und ich wusste nicht, dass es in dieser Nacht passieren würde, aber ich glaube, Lisette wusste es, denn sie war unruhig und schickte mich nicht ins Bett.

Jupp war ein Verrückter. Er war das Kind sehr armer Eltern aus Mainz, aber er wollte auf keinen Fall in einer Fabrik arbeiten. Er wollte singen. Er war hoch gewachsen, ein großer und kräftiger Bursche. Er brachte eine reiche Dame dazu, ihm sein Gesangsstudium zu finanzieren. Er hat keinem von uns je erzählt, wie er das gemacht hat. Aber sie zahlte. Sein erstes Engagement hatte er an der Oper in Nürnberg, weit weg von zu Hause. Jupp tröstete sich mit jungen Mädchen. Meine Oma Rosa war die, die er heiraten wollte. Der Vater von Rosa war Schreiner. Er zimmerte ihnen einen Kleiderschrank, weil er Jupp für einen Tagedieb hielt, der es nie zu etwas bringen würde, und seine Tochter sollte doch wenigstens Möbel haben. Ihre Hochzeitsreise war eine zweiwöchige Radtour durch Rosas Heimat, denn Jupp hatte inzwischen ein Engagement an der Staatsoper Hamburg bekommen und für Rosa hieß es Abschied nehmen. Als sie in Hamburg ankamen, hatten sie zwei Zimmer, zwei Koffer, einen Kleiderschrank und auch bald eine Tochter, meine Tante Anne. Jupp konnte endlich in Ruhe singen. Knapp zwei Jahre später kam meine Mutter. Die Nazis waren schon seit ein paar Jahren da. Jupp sang den Sarastro in der Zauberflöte und lief mit einem roten Kommunisten-Schal durch die Stadt. Das mit dem Schal tat er nicht aus politischen Gründen. Das tat er, weil es ihm Spaß machte. Es war einfach sein Stil, Dinge zu tun, die grade nicht angesagt waren.

Am Morgen ging ich in die Schule. Es war noch kein Anruf aus Hamburg gekommen und Lisette und ich taten einfach so, als wäre nichts. Wir frühstückten, ich stieg in den Bus, handelte mir eine Fünf in Mathe ein und kam wieder nach Hause. Alles war wie immer. Lisette passte mich auf dem Weg in mein Zimmer ab. Sie war schon damals nicht mehr viel größer als ich, sie war eine wirklich kleine Oma und hatte ihr Leben lang das Gesicht eines jungen Mädchens behalten. In diesem Moment aber sah sie sehr alt aus. Sie hatte nasse Augen und ihr Gesicht hing bis auf den Boden.

»Deine Eltern haben angerufen«, sagte sie.

Ich wusste nicht, was ich sagen sollte, wie auch, wenn nicht mal sie es wusste?

»Der Jupp ist tot«, sagte sie und sie riss sich so sehr zusammen, nicht auf den Boden zu schauen, dass sie mich richtiggehend anstarrte.

»Ich kann das verstehen«, sagte ich, »ich bin ja schon groß.«

Was zur Hölle redete ich da? Ich hasste mich für diesen Satz, für diesen beschissenen kleinen Satz, der so unendlich winzig war gegen den Riesen, der letzte Nacht gestorben war. Ich sagte noch mal, dass ich es verstehen würde, dass sie sich um mich keine Sorgen machen müsste, dass ich schon klar käme und dass ich jetzt erst mal in mein Zimmer gehen würde, Hausaufgaben machen. Vermutlich hätte sie mich gern in den Arm genommen, mich getröstet, vermutlich wäre sie auch gern in den Arm genommen worden, denn es war ja ein Opa, der gestorben war, und sie war eine Oma, er war einer aus ihren Reihen und sie wusste, was das heißt. Aber das mit dem In-den-Arm-Nehmen ging nicht. Hätte sie mich in dieser Sekunde angefasst, wäre meine Haut verbrannt, wäre meine Seele geplatzt, wären meine Worte explodiert und was weiß ich noch.

Jupp und ich verstanden uns vom ersten Tag an prächtig. Wir verbrachten die Sommer grundsätzlich am Meer. Wir verabschiedeten jedes Jahr die Schwäne auf der Alster in ihr Winterquartier. Wir saßen zusammen in der Oper, backstage. Ich saß auf seinem Schoß, wann immer ich Zeit hatte. Er sang mich in den Schlaf, wann immer er noch nüchtern war. Er akzeptierte meine Stofftiere als gleichwertige Gesprächspartner. Wir hatten einen Platz, der nur uns gehörte, einen Bootsanleger am Wasser. Dorthin gingen wir abends, damit er mir in Ruhe ein paar Geschichten erzählen konnte, ich an seiner Hand, ganz nah an den seltsamen Stoffen, aus denen seine Klamotten bestanden. Er hatte ein totales Faible für synthetisches Material und für die Farben Beige und Weinrot. Ein typischer Jupp sah so aus: Beige Gabardinehose, beiges Polyesterhemd, weinroter Polyacrylpulli mit V-Ausschnitt, Äppelfräcksche. Ein Äppelfräcksche ist die gute Jacke des einfachen Mannes aus Hessen, die nur zu besonderen Anlässen angezogen wird, etwa für einen Besuch in der Äppelwoi-Spelunke ums Eck. Das, was Jupp »Äppelfräcksche« nannte, war selbstverständlich beige, ein Baumwoll-Synthetik-Gemisch und hatte ursprünglich die Form eines schmal geschnittenen Blousons. Er liebte das Äppelfräcksche heiß und innig, fast so sehr wie ich ihn, aber das Gleiche, was Menschen im Laufe ihres Lebens passiert, passierte auch dem Äppelfräcksche: Es ging mehr und mehr kaputt. Es verlor seine Form, es verschliss, zum Schluss war es an den Ellenbogen so abgewetzt, dass Oma Rosa es auch mit Lederflicken nicht mehr retten konnte. Wir beerdigten es feierlich in der Altkleidertonne und Jupp trug fortan nur noch Trenchcoat, wenn auch widerwillig.

Draußen vor meinem Fenster regnete es unseren Garten zu Tode und ich dachte an das Äppelfräcksche. Ich hatte den idiotischen Gedanken im Kopf, dass es Jupp bestimmt gar nicht so schlecht gehen würde im Himmel, weil das Fräcksche ja schließlich auch da war. Ich hatte schon viel geweint in meinem kleinen Leben, aber bisher war es immer ein Kinderweinen gewesen, weil ich mir die Knie aufgeschlagen hatte, wütend war oder ängstlich. Ich hatte noch nie zuvor einen Verlust erlitten, der so unendlich wehtat, der mir die Luft nahm und mir die Kehle zuschnürte.

Es war etwas geschehen, was nicht mehr geschehen war, seit sie zwischen meiner Mutter und mir die Nabelschnur durchtrennt hatten: Eine Verbindung zwischen mir und einem Menschen war gekappt worden. Jupp und ich waren auf eine mir damals unverständliche und unerklärliche Art beisammen gewesen, wir waren Blutsbrüder, Sisters in Crime. Ich hing an ihm wie er an der Flasche, er gab mir Mut und Zuversicht, seine Stimme, sein Witz, seine Traurigkeit, all das schien auch meins zu sein, ich war seine Enkelin, er strömte durch meine Adern und drang durch jede einzelne meiner Poren hinaus in meine Welt. War er in meiner Nähe, war ich an seiner Hand, waren wir beide glücklich und ruhig. Und das Schreckliche, das ich damals noch nicht begriff, sollte mir später, mit jedem Jahr meines Lebens klarer werden: Wir hatten nur acht gemeinsame Jahre. Wir wurden getrennt, als unsere Geschichte noch längst nicht vorbei war.

Der Brocken in meinem Hals war so groß, dass ich nicht wusste, was ich machen sollte, um ihn wieder loszuwerden. Ich entschied mich dafür, mit dem Kopf gegen die Fensterscheibe zu schlagen, immer fester und fester, bis sie dann langsam, ganz langsam anfingen zu fließen, die ersten wahrhaftigen Tränen meines Lebens. Leise, ohne Geschrei und Gebrüll, schossen sie mir aus den Augen, machten alles nass, was sie erwischen konnten, die Scheibe verschwamm vor meinen Augen, mein Kopf rutschte ab, so wie ich von allem abrutschte, was bisher so sicher, so unzerstörbar schien, und auf meinem Kinderzimmerfußboden zusammensackte. Ich stand wieder auf, ich riss mich zusammen, Jupp wäre auch nicht liegen geblieben, Jupp hätte sich gewehrt. Ich fing an, mit den flachen Händen gegen die Scheibe zu schlagen, ich schluchzte, ich erschrak vor dem Geräusch meines Schmerzes, ich schrie dann doch, schrie so laut ich konnte. Keine Ahnung, wie lange Lisette schon hinter mir stand. Sie zog mich an sich und half mir beim Weinen, wiegte mich in ihren Armen und ich sagte immer wieder:

»Ich versteh das schon, ich versteh das schon, ich versteh das schon …«

Eine Woche später kamen sie nach Hause. Sie hatten 20 Stunden gebraucht, um von Hamburg in den Spessart zu fahren, mit einem Kleinlaster und der Oma Rosa, es hatte immerzu geregnet, geschneit und gestürmt. Das Haus, in dem Rosa mit Jupp gewohnt hatte, sollte abgerissen werden und alleine konnte sie sich nicht dagegen wehren, überhaupt hatte sie das Gefühl, gar nichts mehr zu können, jetzt, wo der Mann tot war, den sie 45 Jahre lang geliebt hatte. Das Leben hatte ihr auf der Zielgeraden noch schnell das Herz gebrochen. Ich kannte sie als große, starke Frau, jetzt war sie ein Häufchen aus schwarzen Kleidern und roten Augen. Meine Eltern hatten sie überredet, ihren Haushalt aufzulösen und zu uns zu ziehen. Sie waren also wieder da und wir hielten uns alle aneinander fest, drei Wochen lang, bis Weihnachten.

Am zweiten Weihnachtstag saß ich abends mit meiner Mutter unterm Baum. Mein Vater war mit Rosa zum Friedhof gegangen, Jupp besuchen wie jeden Tag. Mir fiel es schwer, dort hinzugehen, ich konnte nicht viel anfangen mit diesem Stein auf schwarzer Erde, in der eine Urne lag. Außerdem wusste ich ja, dass er da nicht ist, sondern viel weiter im Norden. Ich lehnte an der Schulter meiner Mutter und traute mich endlich, sie zu fragen:

»Erzählst du's mir? So, wie's war?«

Sie schluckte und nickte und erzählte. Dass sie in dieser Nacht alleine mit ihm im Krankenhaus war, die anderen hatten mal schlafen müssen. Dass er sie zu sich runterzog und leise sagte:

»Diesmal schaff ich's nicht mehr, mein Mädchen.«

Sie wusste schon, dass er es nicht mehr schaffen würde. Er war ja ihr Vater, sie kannten sich sehr gut, es gibt Mamamädchen und Papamädchen und sie war ein Papamädchen. Ein Papamädchen, das bis zum Schluss dableibt und sich alles mit ansieht. Wenn die Leute über jemanden sagen, er sei am Leben gestorben, dann ist das nur eine freundliche Umschreibung dafür, dass er sich totgesoffen hat. Jupp hat das getan, so gut er konnte. Er hat jeden Abend eine Flasche Rotwein weggehauen, und wenn die alle war, auch noch den ganzen Rest. Rosa hat ihn gelassen, sie hätte es als einen Angriff auf ihre Liebe betrachtet, seine Schnapsflaschen zu verstecken. Und so, wie er sich durch den Alkohol kämpfte, kämpfte er sich auch durch seinen Tod. Es war scheußlich und großartig zugleich. Eine kaputte Leber, die riesig und aufgedunsen ist, drückt dem Körper von unten die Luft ab. Jupp ist erstickt, stundenlang. Und er hatte überhaupt keine Lust darauf. Er hat sich gewehrt. Sich aufgebäumt. Er wollte aus dem Bett raus. Wollte nach Bayreuth. Er hat nie in Bayreuth gesungen und er konnte nicht zulassen, dass er starb, bevor er in Bayreuth war. Meine Mutter hat nicht versucht, ihm zu erklären, dass das jetzt nicht gehe, das wäre gemein gewesen. Sie hat ihn einfach nur festgehalten. Festgehalten und festgehalten und festgehalten, bis er nicht mehr konnte und losließ.

Manchmal, wenn meine Eltern mich in Hamburg besuchen, gehen wir in die Oper. Ich besorge dann einfach Karten, weil ich weiß, dass Jupp mächtig Spaß daran hat, uns im Parkett sitzen zu sehen. Danach gehen wir dann immer essen, meine Eltern und ich. Und irgendwann, wenn ich gerade wahnsinnig viel rauche und mitten in irgendwelchen Phantastereien bin, sagt meine Mutter:

»Meine Güte, du bist wie dein Opa. Das wird ja immer schlimmer.«

Sie sagt das, um mich zu necken oder weil sie sich vielleicht wirklich ein bisschen Sorgen macht. Ich wiegele das dann ab, wechsle zu einem ernsthaften und vernünftigen Thema. Aber insgeheim bin ich sehr stolz. Das würde nämlich heißen, dass ich eine verdammt coole Sau bin und geschafft habe, woran ich seit seinem Tod arbeite: ihn am Leben zu erhalten, in mir. Unsere Verschmelzung weiterzuführen, obwohl sie brutal von außen gestoppt worden war. Ich versuche das Unmögliche, ich versuche, eine kaputte Uhr weiterlaufen zu lassen. Denn jede Minute mehr, die ich mit ihm habe, werde ich mehr ich selbst. Er ist meine Instanz, mein Gesetz, er ist all meine Möglichkeiten. Meine Chance, etwas aus mir zu machen. Er war alles, was ich bin. In Momenten der Entscheidung verlasse ich mich auf mein Gefühl, und das ist kein Geringerer als der gute, alte Jupp. Und ich könnte schwören, dass der Rotwein in meinem Glas haargenau die Farbe seiner Nase hat.

Henriette Kuhrt

Der Undertaker

Als ich Andreas das erste Mal mit nach Hause nahm, war meine Mutter gerade dabei, den Hund entstören zu lassen. Ich öffnete das schwere weiße Einfahrtstor, drückte mich mit meinem Gewicht dagegen und zog Andreas hinter mir her. Wir gingen gemeinsam Hand in Hand den Kiesweg zum Hauseingang und ich konnte schon von weitem Igors braunen Kombi sehen, den er vor der Garage geparkt hatte. Der Kofferraum stand offen und im Wagen lag ein Kasten mit seinem Werkzeug. Noch immer hielt ich Andreas an der Hand und ich ließ sie erst los, als ich in der Handtasche nach meinem Schlüssel suchen musste.

»Hallo-oo!«, rief ich durch den Windfang und ließ den Bund mit dem silbernen Herzanhänger in einen kleinen Glasbehälter neben dem Garderobenspiegel fallen.

»Hallo, Schatz!«, hörte ich meine Mutter aus dem Wohnzimmer rufen. »Hallo, Katharina«, ein wenig leiser von Igor.

Andreas stand noch immer bewegungslos im Flur, sah sich um oder betrachtete uns im Spiegel.

»Komm«, sagte ich, »ich stell dir meine Mutter vor.«

Andreas folgte mir, und als wir das Wohnzimmer betraten, konnte ich meine Mutter und Igor sehen, die sich gemeinsam über den Hund beugten. Igor fuhr mit der flachen Hand in der Luft über dem Hund auf und ab.

»Was macht der da?«, fragte Andreas leise.

»Er entstört den Hund«, erklärte ich, »er versucht die elektromagnetischen Felder mit kleinen Silberkugeln zu korrigieren und heute ist Benno an der Reihe. Er schien in letzter Zeit verspannt und meine Mutter meinte, Igor könnte ihm helfen.«

»Aha«, sagte Andreas. Sonst nichts.

»So«, sagte Igor und richtete sich auf. Er trug einen hellbraunen Cordanzug und ein ehemals schwarzes Rollkragen-T-Shirt, das seltsam marmoriert verwaschen war. Überhaupt sah er seltsam aus mit seinen wirren braunen Haaren und den kleinen gelben Zähnen. Er klopfte seine Hände an seinem Hosenboden ab und sah meine Mutter zufrieden an. »Jetzt brauchst du Benno nur noch das Nikken-Hundehalsband umzubinden und seine Konzentrationsstörungen sind behoben.«

»Sehr gut«, sagte meine Mutter, fuhr sich durch ihre langen braunen Locken und richtete sich ebenfalls auf. »Falls es nicht besser wird, melde ich mich einfach noch mal bei dir.«

Sie drückte Igor herzlich die Hand, sah ihm fest in die Augen und lächelte dabei. Früher hatte mein Vater Igor gehasst, aber mittlerweile war er ihm egal. Mein Vater war viel zu selten da, um sich über ihn aufzuregen. Sauer wurde er nur, wenn sie beide gleichzeitig im Haus waren oder sich im Garten trafen, egal wie viele Nikken die Atmosphäre verbesserten.

»Hallo«, sagte sie und wandte sich Andreas zu. Sie trug eine ausgeleierte Schlagjeans und eine beige Bluse mit kleinen roten Stickereien auf dem Busen, an den Füßen flache braune Riemchensandalen. Sie sah aus wie ein Direktimport aus den Siebzigerjahren. »Und wer bist du?«

Ich hatte ihr bestimmt dreimal gesagt, dass er mein neuer Freund war. »Aber Schatz«, hatte sie mir geantwortet, »du und dein Bruder, wen ihr alles mit nach Hause bringt, kann ich mir doch sowieso nicht merken.«

»Andreas«, antwortete er. Sonst nichts.

»Gut«, sagte meine Mutter und wandte sich wieder dem Hund zu. »Ich muss mich noch ein wenig um Benno kümmern. Wenn ihr etwas essen wollt, es steht noch ein wenig Huhn im Kühlschrank.«

»Danke«, sagte ich und drehte mich zu Andreas um, »magst du was essen?«

»Nein«, sagte er.

»Katharina?«, fuhr meine Mutter fort. »Nachher hat Ilona eine Séance bei mir. Kannst du sie bitte reinlassen, ich kann die Klingel oben nicht hören. Ich habe auch noch zwei Nikken für dich, wegen deiner Kopfschmerzen. Sie liegen auf der Truhe im Flur.«

Dann verließ sie das Wohnzimmer und Benno folgte ihr.

»Eine Séance?«, fragte Andreas, als ihre Schritte verklungen waren.

»Meine Mutter liest unsern Nachbarn die Zukunft aus den Karten. Sie hat gerade ihre Ausbildung zur Astrologin fertig gemacht«, erklärte ich.

»Und was sollen Nikken sein?«, fragte er weiter.

»Das sind kleine silberne Kugeln. Meine Mutter hat sie vor zwei Jahren durch eine Freundin entdeckt, die ihr auch Igor empfohlen hat. Sie hatte sich gerade von meinem Vater scheiden lassen und da hat sie angefangen, ihr Umfeld ›entstören zu lassen‹, wie sie das nennt.«

»Wirklich«, sagte Andreas nur.

»Ja«, fuhr ich fort, »und darum hängt sie Benno jetzt ein neues Nikken-Halsband um und vergräbt Nikken-Socken in unserem Rosenbeet.«

»Und funktioniert es?«, fragte er weiter.

»Kann ich schwer sagen«, antwortete ich und zuckte mit den Schultern, »aber sie und mein Vater haben nach der ersten Hausentstörung zum zweiten Mal geheiratet.«

Dann nahm ich wieder seine Hand und zog ihn in mein Zimmer, denn wir waren erst einen Monat zusammen und hatten noch alles vor uns.

Als Andreas mich das erste Mal mit zu sich nach Hause nahm, waren seine Eltern gerade von ihrer dreiwöchigen Türkei-Tour zurückgekommen und seine Mutter führte im Wohnzimmer ihrer Nachbarin eine Art grünes Tunika-Kleid vor. Sie war barfuß, in der Hand hielt sie einen Seidenschal, und als sie den Arm anhob, sah ich ein braunes Haarbüschel aus seiner Ecke herausgucken, das so gar nicht mit ihren roten Haaren korrespondieren wollte. Sie drehte sich ein wenig im Kreis, wippte mit den Hüften und stieß dabei kleine spitze Schreie aus.

Eine dickliche Frau saß vor ihr auf dem Sofa. Sie mochte vierzig oder auch sechzig Jahre alt sein und trug ihre grauen Haare zu einem Zopf gebunden, der sich um ihren Hals und bis auf den Busen niederringelte. Ihre Augenbrauen hatte sie so dünn gezupft, dass sie ihrem Gesicht einen überraschten Ausdruck verliehen.

»Das ist meine Mutter«, sagte Andreas und blickte aus dem Fenster auf die Straße. »Und das dort auf dem Sofa ist Greta.«

Andreas' Mutter stoppte mitten in einer kleinen Drehung und sah mich an. »Hallo, Katharina«, sagte sie, »nenn mich einfach Ulrike.« Sie hatte ein schmales Gesicht mit einem spitzen Kinn, ihre Brüste baumelten ungehalten unter ihrer türkischen Tunika. Sie gab mir ihre Hand. »Greta«, sagte sie, »willst du nicht Andreas' Freundin Hallo sagen?«

Greta blickte zu mir auf und ich beugte mich über den dunklen Sofatisch, um ihr die Hand zu reichen. »Hallo«, sagte ich, »schön, Sie kennen zu lernen.« Sie schenkte mir ihre Aufmerksamkeit nur für einen kleinen Moment und so fiel ihr Blick schnell von meinem Gesicht ab. Doch dann begann Greta zu sprechen.

»Das ist mein Freund«, sagte sie und zeigte auf ein kleines zerknittertes Bild, über das sie mit der anderen Hand liebevoll drüberstrich. »Der Undertaker.«

»Der Undertaker?«, fragte ich erstaunt. »Darf ich das Bild mal sehen?«

»Ja«, antwortete Greta, »aber sei vorsichtig.«

Dann reichte sie mir das brüchige Papier und ich konnte sehen, dass sie das Foto aus einer Zeitschrift herausgetrennt hatte. Vor einem schwarzen Hintergrund war ein Mann abgebildet, offenbar ein Wrestler. Er hatte seine kräftigen nackten Arme über der Brust gekreuzt, sodass seine tätowierten Muskeln auf das Äußerste angeschwollen waren. Der Undertaker trug ein schwarzes Muscle-Shirt und einen breiten Gürtel mit einer dicken goldenen Schnalle um seinen Bauch. Sein Gesicht schaute mit wütend zusammengezogenen Augenbrauen in die Kamera, auf seinem Kopf trug er einen schwazen Hut. Seinen Mund umspielte ein Bärtchen, um seinen Hals hing eine Fahrradkette.

»Woher kennen Sie ihn?«, wandte ich mich an Greta.

»Taker war in Hamburg auf einem Kampf. Er hatte eine lange Pause gemacht und dies war sein erster Kampf seit Jahren«, begann sie, »ich war im Publikum, als er Gravedigger weggeputzt hat. Er hat trotzdem ganz schön etwas abbekommen, und als er nach dem Kampf zurück in seine Garderobe ging, ist er an mir vorbei und ich habe ihm mein Taschentuch gegeben.«

Die Worte leierten in einer ebenmäßigen Kette aus ihrem Mund. Anfangs musste ich mich sehr an ihre leise, aus einer eintönigen Melodie bestehende Aussprache gewöhnen. »Es war sehr schön mit ihm«, sagte Greta und hielt dann inne. Sie atmete heftig und fuhr nach einer kurzen Pause fort: »Und bald wird er kommen und mich zu sich nach Amerika holen. Das hat er mir damals versprochen.

Jetzt will er nämlich nicht mehr kämpfen. Er will sich eine kleine Farm auf dem Land kaufen. Ja, das hat er gesagt.«

Dann streckte sie ihre Hand nach dem Bild aus, schaute erneut durch mich hindurch und begann das Foto wieder glatt zu streichen.

»Ich gehe jetzt«, sagte Greta und stand abrupt von dem Ledersofa auf, »ich muss jetzt rüber. Man weiß ja nie!« Sie schraubte ihren massiven Unterkörper zwischen Sofa und Tischchen heraus und trottete ohne ein weiteres Wort aus dem Wohnzimmer.

»Ist das eure Putzfrau?«, fragte ich leise und hielt Andreas am Ärmel fest.

»Nein«, sagte er ebenso leise, »eine Freundin meiner Mutter, sie wohnt nebenan. Im Treppenhaus hat sie ›Schlichting/Undertaker‹ auf ihre Haustür geschrieben.«

Das war seine erste und letzte Erklärung zu Taker und Greta.

Später kochte seine Mutter für uns, es gab weiße Rüben und schwarze Kartoffeln. Sein Vater kam von der Arbeit in der Zollbehörde zurück, setzte sich zum Essen an den Tisch und begann, seine Familie ausgiebig anzuschweigen. Er hatte einen braunen Seitenscheitel, der mit grauen Strähnen durchzogen war, trug einen beigen Wollpulli und sah aus wie der Typ von Passant, der in der Fußgängerzone Kamerateams Straßeninterviews gibt. Wenn er irgendwann doch ein Wort an seine Frau richtete, antwortete sie in einem so aggressiven Ton, dass ich mich nicht traute, ihnen ins Gesicht zu sehen.

»Wo hast du denn die schwarzen Kartoffeln her?«, fragte er mit milder Stimme.

»Vom Markt, wo ich sie immer kaufe«, schnauzte sie zurück.

»Sind doch lecker«, sagte er.

»Wenn du meinst, muss es wohl so sein!«, sagte sie. Ihr Gespräch ähnelte einer Tischtennispartie, bei der der Gegner den Ball direkt nach der Angabe absichtlich ins Aus schmettert.

Mich befiel zum ersten Mal ein Gefühl, dass etwas zwischen Andreas und mir nicht stimmte. Doch als wir später in sein Zimmer gingen und nebeneinander auf dem Bett lagen, ließ sich diese Ahnung korrigieren und mit seinen Lippen an meinem Hals und seinen Haaren an meiner Schulter glaubte ich mich wieder daran erinnern zu können, warum wir hier gemeinsam lagen. Als ich meine Augen schloss und Andreas' Billy-Regale zu einer Schattenmasse verschwammen, machte ich mir noch eine innere Notiz, dass seine Mutter nicht kochen konnte und ich in Zukunft immer gerade etwas gegessen hätte, wenn sie mich zu sich an den Tisch bitten sollte.

Andreas kam noch ein weiteres Mal zu uns zum Essen. Ich wollte unbedingt, dass meine Familie ihn richtig kennen lernte, und je mehr ich das Gefühl bekam, dass ich die Einzige war, die darauf Wert legte, desto entschlossener wurde ich, ihn bei einem Essen vorzustellen.

»Von mir aus«, sagte meine Mutter gleichgültig, »wenn es dich glücklich macht.«

»*Er* macht mich glücklich!«, rief ich, doch meine Mutter überprüfte nur das Nikkenhalsband von Benno und sagte abwesend: »Seitdem wir ihn entstört haben, legt er sich auch in Ecken des Hauses, die er vorher nicht mochte.«

»Nächsten Sonntag«, sagte ich, »da wirst du ihn endlich mal kennen lernen.«

Die gestickte Tischdecke und die darunter liegende Klapperdecke aus weichem Sweatshirt-Stoff fingen alle Geräusche auf. Auf geheimnisvolle Weise schienen sie auch die Gespräche meiner Eltern aufzusaugen.

»Reinhard«, begann meine Mutter und drehte ihre blank geföhnte braune Frisur zu meinem Vater. Er war Unternehmer und reiste viel umher. Wie immer trug er einen makellosen dunkelgrauen Anzug und ein hellblaues Hemd darunter. Die Krawatte hatte er schon im Flur mit einer ruckartigen Bewegung vom Hals gezogen. »Reinhard, was hältst du davon, das kleine Bad mit weißrosa Marmor einzukleiden?«

»Klingt gut«, sagte mein Vater und spießte mit der Gabel ein paar Bohnen auf. »Oder vielleicht doch in einem warmen Gelbton, was meinst du?« Er war vor ein paar Tagen von einer Geschäftsreise aus Brasilien zurückgekehrt und hatte eine braune Stirn. Das Jackett hatte er über die Stuhllehne gelegt, dann seine Manschettenknöpfe gelockert.

»Ich werde mal zu Bornhold fahren und mir die Farben ansehen«, antwortete meine Mutter, »aber wir müssen uns auch überlegen, was wir mit dem Haus auf Sylt machen.«

Andreas saß noch immer schweigend an unserem runden Tisch. Nachdem meine Mutter ihm schon im Vorfeld mitgeteilt hatte, mit seiner braunen Strickjacke sehe er aus wie ein DDR-Flüchtling, war er etwas schweigsam geworden. Er hackte mit dem Messer auf das Entrecote ein und sägte ungeduldig an den Sehnen im Fleisch herum. Dabei drückte er die rosa Blutsoße aus dem Fleisch.

»Vielleicht können wir auch mehrere kleine Halogenstrahler über dem Spiegel einbauen? Oder einige an der Decke, vielleicht in Form unserer Sternzeichen«, sagte meine Mutter. »Aber dann müssen wir das Bad neu entstören lassen.«

»Ja, vielleicht«, sagte mein Vater und sie hätte auch genauso gut mit den Stühlen sprechen können. Er versuchte immer, das Gespräch zu beenden, wenn meine Mutter auf die Nikken zu sprechen kam. Ihm war das zu esoterisch, zu viel Hokuspokus, wie er es nannte, wenn sie nicht dabei war. Trotzdem hatte er sie zum zweiten Mal geheiratet oder vielleicht auch gerade deshalb.

Er wandte sich an Andreas und es war das erste Mal, dass mein Vater meinen neuen, meinen ersten richtigen Freund direkt ansprach.

»So, *Herr* Andreas«, sagte er und zerteilte eine Kartoffel mit der Gabel, »haben Sie denn Haustiere?«

Erst der Ostflüchtling, dann das. Ich bemerkte, dass ich rot anlief, und ich traute mich nicht, Andreas ins Gesicht zu sehen. Ich senkte den Kopf und eine schwarze Strähne fiel über meine Stirn.

»Nein«, sagte Andreas, dann räusperte er sich und fuhr etwas lauter fort: »Ich hab keine Haustiere. Nur Ihre Tochter.«

Schweigen. Für Stunden. Jetzt konnte ich Andreas noch viel weniger ansehen. *Er ist nervös,* versuchte ich meinen Puls zu beruhigen, *Papa hat ihn absichtlich bloßgestellt. Andreas hat es nicht so gemeint.* Doch das Schweigen zog sich hin, durch das Wohnzimmer, und dort verbreitete es sich wie ein fauler Geruch. Meine Familie rümpfte die Nase. Ich konnte nur ahnen, was meine Mutter jetzt dachte. Sie verkaufte zwar Silberkugeln mit Heilwirkung und wollte unseren Hund entstören. Aber manche Einschläge bemerkte sie trotzdem noch. Das Schweigen dauerte an, ich blickte unter meiner Strähne hervor und sah Andreas ungerührt auf einem Fleischstück kauen.

»Also, Reinhard, was hältst du denn nun von den Sternzeichen-Lämpchen?«, fragte meine Mutter in den Raum hinein und damit war Andreas samt seinem Witz für immer unter den Tisch gekehrt worden.

Am Abend konnte ich nicht mehr mit Andreas schlafen. *Nur Ihre Tochter. Nur Ihre Tochter.* Dieser Satz kreiselte durch meinen Kopf, drehte sich und schlug Funken, die meine Bilder unserer gemeinsamen Momente anschwärzten. *Haben Sie Haustiere?* Andreas und ich am Strand von Eastbourne, auf einer Englisch-Sprachreise. Dort hatten wir uns kennen gelernt, obwohl wir schon seit sechs Jahren auf die gleiche Schule gingen. Andreas und ich gemeinsam vor einer grünen Tafel mit der Aufschrift der Namen des englischen Königshauses: Battenberg, seine Hand auf meiner Schulter, Mountbatten, sie rückte weiter herab auf meine Taille, Windsor, der erste Kuss. Wie wir gemeinsam vor dem Haus meiner strengen Gastoma saßen und die *curfew* so weit wie möglich ausreizten. Eine Minute bevor der Zeiger meiner Uhr auf der Elf war, sprang ich auf. Er nahm meine Hand und ließ sie doch los, als er merkte, dass ich nervös wurde.

Andreas und ich beim Fahrradständer vor der Turnhalle, ein langer Kuss, so lang, dass Andreas seine Turnschuhe, die er dabei in der Hand hielt, in eine Pfütze fallen ließ. *Nur Ihre Tochter.* Ich versuchte mich an unsere erste Nacht zu erinnern, auf seiner Matratze in seinem Zimmer unter dem Dach. Über uns eine Holzschräge und der Blick durch ein Fenster in den Himmel. Seine Eltern waren im Kino und ich hatte recht schnell beschlossen, dass der richtige Zeitpunkt gekommen war. *Nur Ihre Tochter.* Es hatte keinen Sinn mehr, ich schob seine Hand von meinem Bauch und drehte mich zur Seite.

»Alles in Ordnung mit dir?«, flüsterte Andreas in mein Ohr.

»Ja«, sagte ich, doch es war nur ein Freispruch zweiter Klasse.

Andreas und ich trafen uns noch einige Male, dann gab er es auf, mit mir reden zu wollen. Erst wurde unsere Beziehung zum Tabuthema, dann der Rest. Irgendwann war uns sogar das Wetter zu intim geworden. Wir gingen manchmal im Pausenhof aneinander vorüber, doch ich stand mit meinen Freundinnen in der Raucherecke und grüßte ihn nur leise. Ich beantwortete seine Anrufe nicht mehr, erzählte meinen Freundinnen von seiner Mutter in der Tunika und den Achselhaaren. Dass sie mit dem Bus zur Arbeit fuhr und nachmittags aus dem Fenster rentnerte, um den Nachbarn beim Leben zuzuschauen. Von den Beamtenpflanzen, die in der ganzen Wohnung verteilt waren, grüne, dickblättrige Gewächse in braunen Tonkugeln, die aussahen, als wären sie den Eltern direkt aus der Zollbehörde gefolgt.

Ich erzählte von seinem holzverkleideten Zimmer, dem braunen Teppich. Und natürlich von Greta, die glaubte, eine Affäre mit dem Undertaker zu haben. Mit jedem Zigarettenzug in der Raucherecke entfernte ich mich mehr von ihm, mit jedem Lachen zog ich den Schutzzaun zwischen uns ein wenig höher.

Doch irgendwann, vielleicht ein halbes Jahr später, hatte ich Andreas so sehr vergessen, dass es für mich keine schauspielerische Leistung mehr erforderte, ihn zu ignorieren. Ich grüßte im Vorbeigehen, lächelte kurz und dachte sofort danach, dass meine Absätze schon wieder abgelaufen waren.

Aber an einem Montag im April kam er mir in

einem Gang entgegen, in dem sich außer uns niemand befand. Die Wände waren nach der Renovierung grau gestrichen worden und in dem Sonnenstrahl, der durch das Fenster fiel, konnte man die Staubkörnchen miteinander tanzen sehen. Als er sich mir näherte, erinnerte ich mich wieder an den Rhythmus seiner Schritte und wollte schon an ihm vorüberlaufen, doch er hielt mich am Oberarm fest.

»Katharina«, sagte er, »du hast noch einen BH und eine CD bei mir liegen. Soll ich sie dir mitbringen?«

Um Gottes willen, nein, dachte ich und schüttelte den Kopf. Vor meinem inneren Auge sah ich Andreas mir in der Pausenhalle einen rosa BH und eine Westernhagen-CD in die Hand drücken, die im Übrigen *er* sich von mir ausgeliehen hatte.

»Ich hol's einfach mal bei dir ab, ok?«, sagte ich.

Andreas nickte und ich ging weiter.

Als er die Tür öffnete, schlug ein unerwarteter Blitz in meinem Magen ein. Ich stand vor ihm im Treppenhaus, meine Absätze klirrten auf den braunen Kacheln. Andreas machte keine Anstalten, mich in die Wohnung zu bitten. Er stand vor mir, fest in den Türrahmen eingepasst, mit dem einen Ellbogen stützte er sich ab, in der linken Hand hielt er eine seiner selbst gedrehten Zigaretten. Seine Schultern, die blauen Augen und die kurzen blonden Locken, denen das Licht hinter ihm einen Heiligenschein verpasst hatte. All das sah ich und begann mich zu erinnern, was ich mühsam versucht hatte zu vergessen. Sein schmaler Kopf mit dem harten Bogen seiner Backenknochen, die großen Zähne, die am Oberkiefer kleine Lücken hatten, sein Lachen und seine Angewohnheit, ein kurzes T-Shirt über ein langes zu ziehen. Die kleinen blonden Haare auf seinem Unterarm.

»Ich hol's schnell«, sagte er und drehte sich um.

Ich blieb stehen, starrte ein wenig in den Flur hinein und betrachtete die Spitzen meiner Schuhe. Doch als ich aufblickte, merkte ich, dass etwas anders war als vorher. Etwas hatte sich verändert.

»Wie geht's Greta denn?«, fragte ich, als Andreas mit einer kleinen Plastiktüte wieder vor mir stand.

»Sie ist vor einigen Wochen gestorben«, sagte er und drückte mir die Tüte in die Hand, »sie hat sich umgebracht.« Er hob den Kopf und trat einen kleinen Schritt auf mich zu. »Wenn du so willst: Der Undertaker hat sie abgeholt.«

Dann drehte er sich um und machte die Tür leise hinter sich zu.

Ich blieb im Flur stehen, die braunen Kacheln verschwammen und ich schämte mich.

Heike Geißler

Nice to meet you, too

Ein Mensch, den du noch nicht sehr lange kennst, ruft dich an, fragt »was hast du vor?«, kurz bist du erstaunt, hattest keinesfalls mit einem Anruf gerechnet, hattest dich bereits weitestgehend in deinen Alltag gewunden und bis zum vierten Klingeln überlegt, nicht ans Telefon zu gehen. »Nichts«, sagst du, und nachdem er erzählt, dass er seit Tagen seine Wohnung nicht verlassen habe, zu lange schon am Schreibtisch sitze, aber dennoch nicht mit der Hausarbeit vorankomme, schlägst du vor, ihn binnen kürzester Zeit abzuholen, anschließend zum See zu fahren. »Es ist sonnig, es ist Dienstag, es ist wahrlich ein guter Moment für einen Ausflug«, sagt er, »bis gleich«, sagt er.

Du bemerkst, wie schnell gewisse Fähigkeiten verloren gehen; eine Woche lang warst du nicht mehr unter Menschen, jetzt weißt du seine Blicke nicht zu deuten, sie muten dich skeptisch an, als könnte er sehr genau erkennen, wo deine Ängste sitzen. Du wirst ihm nicht gestehen, dass er im rechten Moment anrief. Stattdessen gibst du dich unbeschwert, fragst ihn über sein Studium aus, wo er lebte, bevor er in die Stadt kam, welche Plätze die von ihm bevorzugten seien und weitere Dinge dieser Art. Er nutzte das vorherige Schweigen nicht, etwas von dir zu hören, vielmehr blickte er direkt vom Beifahrersitz auf deine Hände, blickte die ganze Zeit auf nichts als deine Hände, bis du sie bewegtest, ihn batest, eine CD aus deiner Tasche zu holen und einzulegen.

Allein hättest du diesen Ausflug nicht gemacht. Du hättest nicht nichts gemacht, hättest jedoch weiterhin zunichte gemacht, wenngleich deinerseits natürlich nicht mehr viel Zerrüttbares vorhanden ist.

Du blickst in die Autos, die euch überholen, du neidest – in fast jedem Auto scheint eine unverfänglichere Stimmung als in deinem zu herrschen –, dennoch bleibt es natürlich dabei: Er, den du nicht lange kennst, letztlich gar nicht, von dem du nur weißt, dass er ausgesprochen sympathisch, dass er wohl gut ist, sitzt neben dir. »Schön, dass du angerufen hast«, sagst du und denkst kurz, dies könnte ein guter Satz zum Abschied werden. Aber ihr habt gerade erst die Autobahn erreicht, einige Ausfahrten noch, dann links, irgendwo musst du links abbiegen, das wiederholst du laut, auf dass er dich errinnere, auf dass er etwas Belangloses zum Sagen habe.

»Links?« Nein, hier noch nicht, später, aber sag es noch einmal, sag noch einmal »links«. Der lispelt ja und noch dazu, das bemerkst du, da ihr endlich angekommen seid und vom Parkplatz zum See geht, zittert seine Stimme. Es ist ein schwaches, doch permanentes Zittern; du weißt nicht, ob du es persönlich nehmen solltest, persönlich nehmen willst. Du ziehst die Schultern hoch, versinkst so gut du kannst in deiner Jacke, hältst den Schal mit den

Zähnen, damit dein Mund vor der kalten Luft geschützt bleibt. Du blickst nach rechts, schaust ihn an, er ist ein wenig kleiner als du. »Schwäne wirken sehr plump, sobald sie laufen«, sagst du, nachdem ihr eine Weile schweigend gegangen seid. Er bleibt stehen, zündet sich eine Zigarette an; auch seine Hände zittern. »Wahrscheinlich ist es gut, dass sie dennoch laufen«, sagt er und bläst den Rauch aus. »Wahrscheinlich«, sagst du und beginnst deine Wohnung zu vermissen.

Keiner hat je deine Wohnung gesehen, du hältst alle Besucher fern. Als du einzogst, hattest du gute Absichten: dein Reich, deine Entsprechung, dein Komfort, dein Stil, schön hattest du es, bis das, was dich wirklich ausmacht, schneller als erwartet zu Tage trat. Vielleicht lebst du in einem Chaos, doch fehlt dir der Vergleich, es ist recht lange her, dass du jemanden besuchtest.

»Mir ist kalt«, sagst du, »ich möchte bald umkehren.« – »In Ordnung«, erwidert er und dir ist, als hättest du ihn enttäuscht, diesen kleinen Mann. Du erzählst ihm eine Anekdote und noch eine und noch eine und nicht einmal die Hälfte entspricht der Wahrheit, doch tragen dich die Worte davon, vielmehr: Das Schweigen ist abscheulich, nach wie vor abscheulich.

Als ihr wieder im Auto sitzt und du trotz der glatten Straßen recht schnell fährst, erwähnt er Buster-Keaton-Filme, die in der kommenden Woche in einem Kino gezeigt werden. Mehr sagt er nicht, er betrachtet stattdessen erneut deine Hände. »Wenn du gehst, käme ich gern mit«, sagst du. Der kleine Mann wendet den Kopf, blickt nach draußen, »man sollte häufiger an den See fahren, er ist so nah, er ist entspannend«. Du nickst, doch teilst du seine Meinung nicht, alles ist anstrengend. Alles.

Vor seiner Haustür hältst du, in den letzten zwanzig Minuten der Fahrt hattest du ausführlich geschildert, wie anstrengend der Rest des Tages, der Rest der Woche werden würde, dass auch du mit einer Hausarbeit kämpfst, aber vielleicht jetzt, da der See Ablenkung verschafft habe, um einiges besser arbeiten könntest. »Ich werde mich gleich an die Arbeit machen«, sagst du. Du lässt den Motor laufen, schaust in seine Richtung und lächelst. Kurz möchtest du alle Sehnsucht nach völliger Vereinnahmung in den Blick legen, doch sind des kleinen Mannes Augen scheuer als deine. »Mach's gut«, sagst du. »Bis bald«, sagt er, wirkt für einen Moment, als wolle er dich zum Abschied umarmen, aber er steigt gänzlich gestenlos aus.

Du trittst auf das Gaspedal, kaum dass er die Tür hinter sich geschlossen hat. Gleich wirst du in deiner Wohnung sein, ein Bad nehmen, vielleicht lesen, etwas tun, das man Entspannung nennt, doch ist der Weg zur Wohnung zu kurz, um dir ausreichend Zeit zu geben, die gierigen Gedanken aus deinem Hirn zu pflücken. Du parkst dein Auto, kneifst ein wenig die Augen zu. Du könntest jemanden anrufen, du könntest herumfahren, du könntest etliche Dinge tun, es endlich einmal anders probieren. Nur hast du für heute bereits alle Kraft gebraucht, dich dem kleinen Mann nicht zu offenbaren, einen adäquaten Eindruck vor ihm zu machen.

»Nein«, sagst du, während du die Stufen zu deiner Wohnung hinaufsteigst, »nein, ich brauche es nicht. Ich brauche es keinesfalls. Ich tue nur so. Himmel, ich will es nicht.« Aber du bist zwei, so muss es sein, denn was du dir einredest, erzielt keine Wirkung. Die Gierige macht alles zunichte. Die flucht, weil sie ihre Schlüssel nicht schnell genug findet, weil die Tür klemmt, die zieht weder Schuhe noch Jacke aus, die stürmt sofort zum Kühlschrank und stopft in sich, was sie greifen kann. Sie stopft so schnell, dass die andere ihre Niederlage erkennt, sich nicht länger bemüht, Einfluss auf den Augenblick zu nehmen, sondern vielmehr dazu übergeht, Vorsätze zu formulieren, denen die Gierige mit vollem Mund und sich füllendem Magen bereitwillig zustimmt. *Morgen oder nachher sind wir wieder eins, es braucht alles seine Zeit, man kann sich nicht zwingen.*

Du kannst Entspannung definieren: der Moment, in dem dein Magen zum Bersten gefüllt ist, der Moment, in dem keine Gier mehr vorhanden ist. Der Moment, in dem du nicht mehr aufrecht stehen kannst, weil du fürchtest, deine Bauchdecke könnte platzen, der Moment, da du gekrümmt zum Klo gehst und vorm Spiegel verweilst. Der Moment, da sehr sicher ist, was in den nächsten fünfzehn Minuten geschehen wird, dies ist dein entspannendster.

Erleichtert bist du später, da deine grabende Hand nahezu alles aus dir geholt hat, was du vorher verschlangst. Dass du würgend über dem Klo hängst, dass dir dein Klo Inbegriff von Heimat ist, dass du schluckst und spuckst und wieder und wieder, ist schon lange nicht mehr unfassbar.

Du bist eine Abhängige, so ist es wohl, irgendwann vor fünf Jahren hast du dich zu sorglos in eine Beschäftigung, in eine spannende Angewohnheit gestürzt, von der du nicht mehr lassen kannst. Du hast dir einen Drang herangezüchtet, der dich allein um sich kreisen lässt.

Jetzt, da deine Gier gestillt ist, bist du beruhigt, bist ganz bei dir. Du beginnst aufzuräumen, bist voller Elan, vielleicht war es doch gut, am See gewesen zu sein, vielleicht ist ein scheuer Mann kein schlechter Mann, vielleicht kann dir eine neue Art von Mann sehr zuträglich sein. Tatsächlich setzt du dich an deinen Schreibtisch, schlägst ein Buch auf, machst dir Notizen und zeitgleich den Plan, bis zum Ende der Woche sehr diszipliniert zu sein, um dich anschließend an den kleinen Mann zu gewöhnen. Du stellst dir vor, wie es wäre, ihn zu küssen, es wäre sicher nicht schlecht, stellst dir Weiteres vor und dir ist, als wolltest du lächeln, doch springt dich etwas an, da sitzt dir plötzlich ein abscheulicher Wolf im Nacken, der hat sich um deinen Hals gewunden, der presst dir die Kehle zu, da bleibt dir kaum Luft, da ringst du mit dem, was sich um dich windet, und presst vor Anstrengung die Augen zusammen und der scheue Mann scheint nunmehr sehr verändert. Er ist ein gieriger Mann, vielleicht gieriger als du, schneller; er versetzt dich in einen Rausch, macht sich zu deinem neuen

Zentrum. Und du, die du auf ewig eine Beschäftigung brauchen wirst, handelst zu seiner Befriedigung, gut soll er es haben, er hat es gut, aber vielleicht nicht gut genug, also handelst du weiter zu seiner Befriedigung, Püppchen mit dem großen Schlund, kannst sehr viel schlucken. Aber etwas geschieht, etwas raubt dir den Rausch, etwas verschwindet, er muss das sein, du bist bedroht vom Verlust. Mit Schrecken stellst du fest, dass deine alte Gier zurückkehrt, also befriedigst du an zwei Fronten. Du stopfst deinen Schlund, etwas muss beruhigen, etwas muss verweilen. Keinesfalls darf er gehen.

Was hast du einen ausgemergelten Körper, *wenn ich ein krankes Kätzchen wäre und zu dir gelaufen käme, würdest du mich pflegen?*, willst du fragen, aber da öffnet auch er seinen Schlund, und würde er dich nur schlucken, doch spuckt er dir Worte ins Gesicht, die sind unangemessen wahr. *Es ist aus.*

Du öffnest die Augen. Der Wolf hat dich marode gemacht; gänzlich unsepariert gehst du zum Kühlschrank, hier ist dein Platz, dein Trost, deine Mitte, anders wird es niemals sein. Dies ist dein Bittermagenleben, voller gewohnter Handlungen. Der Gang zum Klo, »du könntest ein Baby sein, rund, wie du bist«, sagst du zu deinem Bauch; kurz ruht deine Hand auf der prallen Kugel. Danach der Akt der Brutalität.

Du resignierst, versinkst in den Tagen, auch denen hast du die Grenzen genommen, du verdrängst alles, was zu tun wäre, denn du musst dir die Schrecklichkeiten aus dem Leib ringen, alle geschehenen Unmöglichkeiten, alles; du bist dir sicher, auf Jahre, vielleicht auf ewig verdorben zu sein, du hast zu viel durcheinander gebracht. Das, was sehr schön sein könnte, hast du zweckentfremdet, hast es dir zur Pein werden lassen; es ist schon lange nicht mehr vorstellbar, deinen Körper auf die angemessene Weise zu benutzen.

Also nur noch essen und liegen und schlafen, du schleppst dich auch nicht mehr zum Klo, das bräuchte zu viel Zuversicht. Sterben, bitte. Dies ist dein Begehr, nicht dein einziges, denn wieder und wieder kommt der Hunger, wo kommt all der Hunger her, wer bist du, wie bist du so geworden, warst du je anders, welches erste Mal trägt die Schuld. Es existiert das Wissen, zwar noch zu leben, aber keinesfalls als im guten Sinne lebendig beschreibbar zu sein. Ein Abgeschmack, eine missratene Kopie von etwas, von irgendetwas, und dann klingelt das Telefon und es ist der kleine Mann. »Wir wollten doch ins Kino gehen«, sagt er. »Ja«, sagst du, hast schon so lange nicht gesprochen, dein Mund ist die Verbindung zum Magen, »entschuldige«, sagst du, »ich war beschäftigt, ich vergaß.« »Vielleicht heute?«, fragt er und du wünschst, du könntest aufspringen, die Wohnung mit harmlosen Gedanken verlassen, doch liegst du schon zu lange, dein Körper spiegelt dein Inneres, du bräuchtest Zeit, enorm viel Zeit. »Nächstes Jahr«, sagst du, »vielleicht nächstes Jahr.« Du legst auf, ohne auf seine Antwort zu warten.

Dies ist ein nichtiges Leben; du isst, wieder isst du, doch auch der Moment der Entspannung ist verschwunden. Du hängst über dem Klo, deine Nase beginnt zu bluten, *recht so*, denkst du, *so ist es*, denkst du. Schwankend stehst du auf, nimmst eine Zigarette, du bist ein Wrack, das ist allzu deutlich. Du stellst dich ans Fenster, beobachtest einen Hund beim Verscharren seiner Exkremente; *nächstes Jahr*, hast du gesagt, es ist jede Chance vertan. Dir das Bett, dir das Ende, es ist jede Chance vertan. Du rauchst, der Hund kaut an herumliegenden Zweigen und plötzlich spürst du zwei Hände. Auf jeder deiner Schultern spürst du eine Hand. Du drehst dich um, kannst niemanden sehen, dennoch spürst du den leichten Druck auf den Schultern. »Nein«, sagst du. »Was ist das?«, fragst du, ohne eine Antwort zu erhalten. Wieder drehst du dich um, sagst »was soll das?«, als du bemerkst, dass die Hände dich nach unten ziehen. Sie ziehen nicht stark, doch kannst du dich nicht wehren, liegst sogleich auf deinem Boden, den unsichtbaren Händen ergeben. Du spürst den Druck, diesen dir völlig unbekannten Druck, dessen nicht bestimmbare Herkunft dich verstört; du spürst ebenso den gewohnten Druck in dir, der langsam weicht. Du weinst, binnen kürzester Zeit weinst du bitterlich und anders als sonst. Du weinst eine Stunde lang, bis dich eine Müdigkeit überkommt, die dich an Ort und Stelle einschlafen lässt.

Als du erwachst, kannst du nicht sagen, wie lange du geschlafen hast, auch kannst du nicht sagen, was geschehen ist. Bis zum Einbruch der Dunkelheit bleibst du auf dem Boden liegen. Dann verlässt du deine Wohnung und streifst durch die

Straßen. Es kommt dir ein Wort in den Sinn, das dich staunen lässt, weil du es nie zuvor mit deinem Leben in Verbindung bringen konntest. Du sagst das Wort leise vor dich hin, sagst es mehrfach, legst dann den Kopf in den Nacken und blickst nach oben. Es liegt viel Schüchternheit in diesem Blick, doch war es noch nie deine Art, schnell mit neuen Bekannten vertraut zu werden.

Bettina Gundermann

Zu viel

Für eine Zigarette brauche ich vier Minuten. Macht fünfzehn Kippen in einer Stunde. Würde ich Pfeife rauchen, dann würde ich vermutlich irgendwann an Mundhöhlenkrebs leiden. So wird es wohl die Lunge treffen. Ich kann fast eine Minute lang die Luft anhalten, wenn ich vorher tief eingeatmet habe. In jedem meiner Träume renne ich barfuß durch den Schnee. Unser Nachbar ist neunzig und ich frage mich, wie das so lange auszuhalten ist. Jedes Mal, wenn ich ihn im Treppenhaus treffe, möchte ich ihm einen Tritt geben, damit er herunterstürzt und endlich erlöst ist. Es gelingt mir nicht, mich in Geschäften aufzuhalten. Zu viele Menschen. So sieht das aus.

Ich renne hin und her, vielleicht ist Herbst oder Frühling, obwohl …, ich erspähe keinen einzigen Vogel, der ein Lied singt für mich.

Ich sitze auf der Couch, ich schaue auf den Fernseher, die Fernbedienung klebt in meiner Hand. Ich denke an nichts, vielleicht, oder an alles. Alles ist zu viel, deswegen lieber nichts. Hirne verdrängen mit angestrengter Leichtigkeit, weil die Gesundheit sonst leidet am Zuviel. Macht, dass man verrückt wird. Daher lieber nichts, während ich mich durch die Programme zappe und kein einziges Bild erkenne. Ich würde gern ein Haus anzünden, ich würde gern die Welt in Flammen sehen, ich würde gern ein wenig tanzen. Aber ich sitze auf der Couch und meine Augen sind müde.

Vielleicht regnet es, vielleicht verfluchen die Leute eine ewige Hitze. Da draußen. In der Freiheit. DIE ES NICHT GIBT! Erkennen sie ihr Gefängnis nicht, erkennen sie ihren schmalen Weg nicht, sind sie fett und blass und schauen stur und kalt, ich erfriere fast, ich muss mich auf das nichtige Programm, welches am Nachmittag geboten wird, konzentrieren. Ich muss. Ich muss. Ich muss. Etwas finden. Es findet sich so schwer. Es findet sich so schwer. Etwas Wertvolles. Ich erfriere fast. Vielleicht seit gestern. Oder seit einer Woche, ich kann mich nicht erinnern. Und ich weiß, es gibt keinen Anlass, keinen Auslöser, es war einfach da und ich hasse es und es macht mich schwer, es macht mich wie taub, überall.

Meine Mutter kommt nach Hause, ich nehme die Füße vom Tisch und schalte zeitgleich den Fernseher aus, sie sagt Hallo. Sie geht in die Küche, sie sagt, was willst du heute essen? Ich sage, nichts, und gehe in mein Zimmer. Ich sehe weiße Wände, ich rieche meine Albträume, dann sind sie wahr, ich höre das Zuviel.

Wir leben im achten Stock, welch Aussicht!, ich drehe fast durch davon. Wenn dir schwindelig ist, setz dich mal lieber hin. Ich setze mich mal lieber hin. Ich höre meine Mutter Essen kochen, ich rieche das Essen, mir wird schlecht davon und ich weiß nicht, welcher Monat ist, jedoch: Kein einziger Vogel, der ein Lied singt für mich. Vielleicht regnet es.

Essen ist fertig, ruft meine Mutter. Wir essen an einem runden Tisch aus Glas. Gesprochen wird wie folgt:

Mutter: Schmeckt's?

Ich: Ja.

Mutter: Und? Wie war die Schule?

Ich: Wie immer.

Ich bin gelandet in einem zerbrechlichen Spiel. Es ist schwarz und traurig und voller ungeweinter Tränen, es wird begleitet von tonnenschwerer Musik und es macht meine Nerven ganz dünn, das tut weh im Kopf, wenn die Nerven dünn sind. Das Spiel heißt Zuviel und das reimt sich, und was sich reimt, ist gut. Ich schlage meinen Kopf gegen die Aussicht. Sieben Schritte sind es vom Fenster zur Tür und sieben zurück, ins Bett sind es drei Schritte von hier, umdrehen auf der Stelle, ohne einen Schritt zu tun. Drehe ich mich um. Drei Schritte. Bett! Ich liege!

Meine Mutter kommt ungefragt ins Zimmer, ich will unsichtbar sein, sie sagt, ich gehe jetzt, okay, antworte ich und drehe mich zur Aussicht hin. Bis heute Abend, sagt sie und bleibt hinter mir stehen. Hau endlich ab und lass mich in Ruhe, denke ich, das sollte ich nicht, das sollte ich nicht, aber leider habe ich bei all dem Zuviel nicht jeden einzelnen Gedanken im Griff. Sie geht, diesmal kann sie ihrem Drang, mir beim Abschied über den Kopf zu streicheln, als sei ich ein Hund, widerstehen. Danke, Mutter, dass du mir wenigstens das ersparst. Ich mache ihr Angst. Aber sie sagt nichts. Sie kannte mich bislang, wie sie es gerne hat. Sie kennt mich äußerst munter und gesprächig. Sie liebte bislang eine Tochter voller Energie und Tatendrang.

Vielleicht ist es nur so etwas wie ein Tumor. Etwas, was sich eventuell herausschneiden lässt. Und wenn nicht, dann sterbe ich daran, vielleicht ist das besser als dies. Meine Gedanken fassen sich an den kleinen Händchen, drehen beschwingt drei Runden und dann höre ich die Tür ins Schloss fallen und endlich bin ich wieder allein.

Lesen: Ich kann nicht.

Musik: Welche?

Fernsehen: Ich kann nicht.

Telefonieren: Mit wem?

Tanzen: Zu schwach.

Essen: Satt.

Schlafen: Zu wach.

Aus dem Fenster springen: Zu feige.

Also lasse ich den Kanarienvogel, der singt auch nicht mehr, ein paar Runden in der Wohnung drehen. Und öffne alle Fenster. Er findet schnell den Weg nach draußen, ein kleiner gelber Punkt nur noch, nicht mehr zu sehen, schon bald. Ich drehe mich um mich selbst und werfe den Käfig aus dem Fenster. Er zerschellt im Hinterhof. Geduckt warte ich auf die Dunkelheit.

So ist das: Als sei ein riesiges Todeswesen gekommen und habe alle meine hellen Gedanken zertrümmert. Zackzack, mit einer Wucht, in einer Nacht, an einem Tag, wie schon gesagt, ich weiß es nicht mehr. Hat mir das Todeswesen die Amnesie gleich mitgebracht. Ich erinnere mich, dass ich seit etwa vier Tagen nicht in der Schule war und pro Tag rund sieben Worte spreche. Während ich nicht in der Schule bin, sitze ich in einem Café in der Stadt und halte mich an einer Tasse Kaffee fest. Ich habe mir bereits zweimal dabei zugesehen, wie ich eine Hand in den heißen Kaffee hielt. Ich muss gestehen, der Schmerz war nicht unangenehm. Mir fällt kein einziger Mensch ein, mit dem ich sprechen könnte. Denn was soll ich sagen? Dass ein Todeswesen meine Fröhlichkeit gekidnappt hat? Dann lande ich bei einem Therapeuten. Und das nun wirklich nicht. Wo soll der mein Glück suchen? Bin ich mir doch sicher, dass alle Landkarten des Glücks beerdigt sind. Ich gehe noch einmal durch, woran es liegen könnte, ich muss schon sagen, man kann mir nicht vorwerfen, dass ich mich nicht bemühe. Es muss für alles einen Grund geben, denkt man sich. Aber weder gab es einen Todesfall in meinem Bekanntenkreis, noch habe ich ein körperliches Leiden, noch plagt mich Liebeskummer. Auch habe ich nicht mit LSD herumexperimentiert. Es ist das Schlimmste, dass es keinen Grund *gibt*.

Heute hat die Dunkelheit eine Stimme. Sie sagt: Reiß das Telefonkabel aus der Wand. Und ich gehorche sofort. Meine Mutter wird sich kaum noch wundern. Sie beobachtet mich ja schon lang genug mit besorgter Stirn. Wie das fröhliche Hüpfmädchen mit dem wachen Blick sich verwandelt in ein stummes, kleines Tier mit schleppendem Gang.

Drei Pullover ziehe ich übereinander und dann wieder aus. Ich weiß nicht, ich weiß nicht, dieses Zuviel, dieses Zuviel, es macht mich so unruhig. Ein kurzes Lachen entweicht meinem Kopf. Ich mache mir Vorwürfe, wenn ich nicht lache, ich mache mir Vorwürfe, wenn ich lache, denn zum Lachen ist das alles nicht, ich mache mir Vorwürfe, weil es keinen Grund gibt. Denkt an all die, die einen Grund haben! An die kleinen Kinder ohne Nahrung und die großen Kinder im Krieg und die Affen in den kaputten Wäldern und die traurigen Tiere im Zoo und die Menschen im All, die nicht zurückkönnen aufgrund eines technischen Defekts! Gebt mir, verdammt, einen Grund.

Ich suche im Spiegelschrank einen Grund. Ich vermeide, mich anzusehen, ich bin noch nicht einmal hässlich, das wäre ein Anlass. Hässlich zu sein und nie eine Chance zu haben, gefickt zu werden oder bei MTV mitzumachen oder als Model herumzuwackeln mit festem Arsch. Ich habe einen festen Arsch und ich habe keinen einzigen Pickel, ich habe noch nicht einmal zu kurze Beine. Ich leide nicht an Armut, unsere Teller sind immer voll, ich werde geliebt, meine Mutter gibt alles, ich habe die größte CD-Sammlung der ganzen Stufe und ich werde nicht rot, wenn man mich beim Lügen ertappt. Gott hat mich reich beschenkt, das steht fest. Ein Judas bin ich. Dass ich die Heiterkeit verleugne. Ein undankbares, elendes, kriechendes Nichts bin ich, kraftlos gemacht vom Zuviel in meinem Kopf. Hat das Todeswesen mir den Kopf zugekleistert mit einem nicht enden wollenden Gedankenrausch.

Intelligenz säuft, Dummheit frisst, und wer durchdreht, findet genau jetzt Rasierklingen. Wie schön! Kleine, glänzende Lichter erstrahlen vor meinen Augen. Du hast so schöne Augen, wie ein Reh. Das arme Reh, gleich wird es verletzt. Noch steht es da, schaut nur! Wie friedlich es ist! Wie grazil. Jemals solche Beine gesehen? Jemals solche Augen gesehen? Und so jung. Ein Leben, ein ganzes, ganzes, ganzes Leben vor sich. Wie groß ist ein ganzes Leben? Das arme Reh, jetzt kommt ein kleines, glänzendes Licht gefährlich nah heran.

Es ist absolut schmerzfrei, so hatte ich mir das nicht vorgestellt. Eine Straße, zwei Straßen, drei Straßen, immer länger, es tut nicht weh. Tut es auch nicht weh, wenn man den Arm umdreht, ohne einen Schritt zu tun, bloß den Arm umdreht, tut es auch nicht weh, wenn man tiefer schneidet? In die fette Ader hinein? Zu feige! Noch nicht durchgeknallt genug. Ich gratuliere.

Ich habe alles.

Ich vermisse alles.

Das nennt man verwöhnt. Das nennt man sonst kein Problem. Das nennt man ziemlich schlecht.

Wir haben keine Pflaster im Haus. Mutter! Verdammt. Wir haben keine Pflaster im Haus und wir haben aber eine tolle Aussicht und wir haben uns alle gern und wir spielen jetzt einfach mal Flaschendrehen. Auf den die Flasche zeigt, der outet sich. Als absolut verloren.

Ich umwickle meinen Arm mit Klopapier und ich nehme die Rasierklinge mit an mein Bett und ich ziehe meine Hose aus und ich zünde eine Kerze an und vielleicht regnet es und vielleicht ist Frühling, doch kein Vogel, der ein Lied singt für mich. An den Schienbeinen, da tut es weh, ein kleines bisschen.

Barfuß renne ich durch den Schnee. Es gibt nur ein einziges Geschäft. Da renne ich hin. Der Verkäufer sagt grinsend: Scharf sind sie alle. Wozu benötigst du es denn?

Ich sage: Fleisch.

Der Verkäufer zeigt mir das Sortiment. Ich blinzle.

Ich frage: Welches ist am schärfsten?

Der Verkäufer sagt: Ich selbst benutze dieses. Es ist scharf, eignet sich für Wild ebenso wie für Rind.

Ich sage: Dann nehme ich das.

Ich bezahle und der Verkäufer reibt sich die Hände. Er liebt Fleisch.

Barfuß renne ich durch den Schnee. Lohnt es?, fragt die Sonne lachend.

Bevor ich antworten kann, werde ich wach, es ist halb vier. Meine Straßen fangen schon an zu verkrusten. Ich kratze sie auf und es muss wohl Frühling sein, denn draußen singt ein Vogel ein Lied. Für mich.

Alissa Walser

160 Beats/M.

H*ast du Angst?*, sagte er und für eine Sekunde sah ich nur, wie seine Lippen sich bewegten, als seien sie die totale Nahaufnahme in einem Film, den ich gern sehen würde:

WEITWINKEL. Zwei Schüler, Mädchen und Junge, leere Wohnung, leerer Nachmittag. Liegen in einem Mädchenzimmer auf einem der Mädchenbetten. Miniboxen. Popmusik und Pausenrauschen. Sonnenflecken an den Wänden. Auf dem Teppichboden ein Läufer. Darauf HALBNAH Sektflasche (Riesling), Handtuch (dunkelblau). Darauf: Requisiten aus der Apotheke, Kondome, Zäpfchen etc.

Dass es wehtut, sagte er. Ich schaute über seine Schulter und sah den Wellensittich auf der Stuhllehne. Der blaue, das Männchen. Hüpfte auf die Kommode, legte den Kopf schief, schaute suchend um sich. Ich dachte, warum rast mein Herz nicht, warum schlägt es so lahm und gleichmäßig, wie der gelbe Wecker tickt auf der Kommode meiner Schwester. Wie die Maserung auf meinem Bett aus geschredderten Weihnachtsbäumen, gerade breit genug für ihn und mich, aneinander geschmiegt. Ich sah nicht mal, was ich berührte. Musste mir seine weiße, pickellose Jungenbrust vorstellen, mit den zwei winzigen Sternen drauf. Und seinen Bauch, gespannt und endlos lang und flaumig unterhalb des Nabels bis da, wo mit einem breiten Gummiband eine andre Welt begann. Eine Welt wie hinter verschlossenem Kinosamt, nur von meiner Hand ertastet und die sich jetzt so warm und weich gepolstert hergab.

Er drehte sich, griff nach der Sektflasche, setzte sich auf. *Öffner?*

In der Küche, sagte ich.

Ich hol ihn, sagte er.

RÜCKBLENDE. Mädchen und Junge im Gedränge am Schuleingang. Erster Schultag nach dem Sommer. Mädchen auf der Suche nach bekannten Gesichtern. Vor ihr, rechts, der Junge. Kennt sie ihn? 8. Klasse, Bio-Saal, zwei Reihen vor ihr? Riesig. Vielleicht gewachsen. Entwicklungsschub über die Ferien? Ein haariges Profil. Das Mädchen lässt sich abdrängen. Von der andern Seite sein Gesicht. Kein Zweifel, ein Neuer. Schulhof. GROSSAUFNAHME mit einzelnen Bartstoppeln. Raucherecke – das Reich zwischen Betonwand und Betonpfeiler, lehrer-blick-dicht. Früher stand das Mädchen hier nie. Jetzt hat sie Zigaretten gekauft. Nur um nicht aufzufallen. Sie lernt, Schnorren gehört zum guten Ton. Dieses Mädchen ist tip top toe. Sie redet nur, wenn's drauf ankommt. Was soll sie auch reden. Worte machen alles so klein. Feuer?, sagt sie in die Runde. Sieht aber nur den Blonden an. Von seiner Zigarette nimmt sie die Glut. Spitze an Spitze. Saugt am Filter, bis Rauch kommt. Den Rauch behält sie im Mund und lässt ihn dann durch die Nase wieder raus. Mädchen im Mädchenklo. Zähneputzen. Schnitt. Mädchen auf dem Heimweg. Lutscht Minzbonbons. Haare und Mantel lüften im Wind aus. HALB-TOTALE. Zweifamilien-Reihenhaus. Rückenansicht eines verschwindenden Aschenputtels.

Weißt du wo?, rief ich ihm nach und erschrak, als der Sittich über meinen Kopf zur Tür flatterte. Erst sitzen sie ewig am selben Fleck, bis man sie vergessen hat, und dann fliegen sie plötzlich los.

Klar, rief er zurück. *Es gibt nichts, was mir deine Mutter nicht verraten hätte.*

Wenn meine Mutter zu Hause war, brach mein Film immer ab. Meine Mutter war ein ganz und gar unfilmisches Kapitel. Ihr ständiges Geplätscher überschwemmte mich wie die Endlosschleife einer Sintflut. Ihr Kopf war voller Probleme, die nach draußen drängten. Schon ein Flattern der Sittiche im Vogelkäfig oder das leise Kratzen der Krallen an den Gitterstäben erinnerten meine Mutter daran, dass nichts so war, wie es sein sollte. Und ihre Aufgabe: die große Änderung. Die ultimative Wende zur grundsätzlichen Harmonie. Eins zog das andere nach sich – ihre Vögel wollten keine Eier legen, ihre Praxishilfen kosteten mehr, als sie brachten, ihre Tochter, die Große, gab ihr ganzes Studiengeld für Zigaretten aus, ein Suchttyp wie der Vater. Ihr Ex-Mann, der Manager, residierte irgendwo in der Welt, Hongkong oder Seoul, und rief nicht zurück. Als gäb's uns gar nicht, sagte meine Mutter immer. Aber natürlich gibt's uns, sagte ich dann und schon griff meine Mutter nach mir, ihrer Kleinen, wie nach dem Dessert aller Probleme. Für jede Minute des Tages, die wir nicht zusammen waren, hatte sie eine Frage. Vielleicht waren es auch gar keine Fragen. Vielleicht war es ein mitströmendes Bündel aus Sorgen und Wünschen. Wünsche, die das Beste wünschten. Ich hörte meistens nur zu. Meine Mutter brauchte meine Antworten nicht. Viel nötiger hatte sie meine Ohren, die aufnahmen, was sie sagte. Erst packte sie mich voll mit ihren Wünschen und dann ließ sie mich schwimmen. Auf dass ihr Flaschenpöstchen ein Neuland entdecke, in dem sich alle Hoffnungen erfüllten.

Aus der Küche hörte ich Besteck scheppern. Dann: *Ich hab ihn.*

Er setzte sich neben mich, den Sekt zwischen den Knien. Drehte den Korkenzieher, sagte in den Korken:

Scheiße, ich krieg ihn nicht raus.

Lass dir Zeit, sagte ich. *Wir haben Zeit.*

RÜCKBLENDE: Montag früh, halb acht. Der Tag, nachdem die Uhr umgestellt wurde. Mädchen läuft an der Straße lang zur U-Bahn. Auf ihrem weiten weißen Wollpulli kämpft blaues Morgenlicht mit rosa Straßenlampen. Ich, die Regisseurin, weiß, das Mädchen trägt drunter ein Licht schluckendes schwarzes hautenges Shirt mit Schlitzen an den Schultern. Sie läuft schnell. In der Hand die perlenbestickte Schultasche bebt bei jedem Schritt. Ein neonweißer Golf. Das Mädchen steigt ein. SCHNITT. Frierst du nicht?, sagt der Junge. Die Kamera fährt aus dem verrauchten Off auf die nackten Mädchenschultern zu. Jungshand reicht Mädchenhand eine Cordjacke. Kürbisfarben, gefüttert und noch warm von ihm. Sie wickelt sich darin ein. Was ist Atem, was Zigarettenrauch, den Herbst lässt das kalt. Hauptsache, ein Schleier in der Luft, durch den sie sagt: Und du? Es ist so einfach im Film. Das Mädchen braucht nicht mal mehr zu rauchen. Sie tut nur noch als ob. Zwischen den Fingern verglüht ihr Zigarette um Zigarette wie Räucherstäbchen. Das ist cool, gesund, aber nicht billig. Hey, hast du nachher schon was vor? Wollen wir uns mal treffen? Das Bistro in der B-Ebene braucht sie als Drehort für ihre von Hektik umspülte Romantik. Die Tage werden kürzer und dunkler, und sie ordern immer die gleichen hellen Getränke. Cappuccino mit Milchschaum (sie), Kakao mit Sahne (er). Manchmal eine Pizza, die sie teilen.

Meinen Film finanzierte ich aus der Handtasche meiner Mutter. Deshalb spielte Geld in meinem Film keine Rolle. Ich hielt es draußen wie meine Mutter. Das eigentliche Thema? Keine Ahnung. Ich wusste nur: Meinem Filmmädchen würde etwas widerfahren. Einmalig, unerreicht. Mindestens. Auch wenn alle davon redeten. Eine Headline wie SEX. Und der Film steuerte darauf zu. Und ich steuerte den Film und hoffte, auch eine einigermaßen gute Cutterin zu sein.

Ein blauer Blitz schoss wieder durchs Zimmer, gefolgt von einem grünen: Männchen und Weibchen landeten auf dem Bett meiner Schwester, tschilpten sich zu. Plusterten sich auf zur kreischenden Straßenverkehrs-Imitation.

Huch, sagte er, *ich glaube, bei denen wird's noch was heute, und: Das ist richtig gutes Zeug. Kein nullachtfünfzehn Gesöff, nett von deiner Mutter.* Seine Oberarme zitterten. Er schaffte es nicht.

Gib her, sagte ich. Er zog weiter. Sein Gesicht wurde rot. Auf einmal riss der Korken. Es regnete Korkenstückchen durch die Luft, aufs Bett und darüber hinaus.

Scheiße, sagte er und untersuchte das hängen gebliebene Stück. *Drücken wir ihn rein?*

Ein paar Korkkrümel tupfte er mit der Zunge aus meinem Nabel.

SLICE-ÜBERBLENDUNG. Mädchen und Junge im überfüllten Bistro in der B-Ebene. Der Junge streichelt unterm Tisch ihre Beine. Er sagt: Wie findest du diese Riesenscheiben? Schön, sagt das Mädchen. Der Junge starrt weiter auf die Scheibe. Sie folgt seinem Blick. Igitt, die sind ja total nass. Massenhaft ausgehauchte Spucke. Zu viele Menschen auf zu engem Raum. Es gibt eine Bombe, sagt der Junge, da bleiben die Städte, die Häuser, die Dinge stehen. Nur die Menschen sind weg. Was heißt weg?, sagt das Mädchen. Keine Ahnung, sagt er. Einfach weg. Stell's dir mal vor. Dann: Warum gehst du nicht auf eine andere Schule, du wohnst doch ziemlich weit weg? Keine Ahnung. Nie drüber nachgedacht.

Das stimmte natürlich nicht. Aber ich war ja die Regisseurin. Die Produzentin. Die Zensur. Alles in einem. Ich ließ mich von meiner Mutter in die Schule eines andern Viertels schicken. Meine Schwester war fünf Jahre älter. Eine andere Generation. Hatte in der ersten Klasse sogar noch Tatzen miterlebt. Mädchen kriegten keine. Jungs. Einmal habe einer vor der Lehrerin gestanden, Arme ausgestreckt, Handflächen nach oben. Und die Lehrerin mit dem Stock. Der Junge habe immer automatisch die Hand weggezogen, ohne dass er das wollte. Die immer hektischer ins Leere schlagende Lehrerin. Meine Schwester war zweimal sitzen geblieben. Ihre alten Lehrer sollten uns nicht zufällig verwechseln. Auch wenn es da außer Nachnamen und dass wir beide gern Sekt trinken, nichts zu verwechseln gibt. Vielleicht noch, dass wir schnell unter den Tisch sinken?

Der Korken fiel ohne großen Widerstand in den Sekt. Ich hielt die Gläser hin. Er goss ein. Er lächelte und legte sich zu mir.

Cheers, sagte er.

Cheers, sagte ich. Dem Klirren der Gläser folgte ein hektisches Flattern: Die Vögel wechselten die Plätze. Unbequem, im Liegen zu trinken. Er schaute zu den aufgetürmten Schachteln neben dem Bett.

Das ist ja die reinste Apotheke, sagte er. *Deine Mutter ist echt rührend. Wir müssen ihr auch mal was schenken.*

Bloß was? Meine Mutter hat schon alles.

Vielleicht was für die Wellensittiche, sagte er. *Damit sie endlich Eier legen und brüten.*

Einmal habe ich mit meiner Mutter in der Küche gesessen. Meine Mutter hatte einen Beutel Kochreis und dazu Tomatensalat gemacht. Wir dachten an nichts Böses. Guckten fern, irgend so was über den Zweiten Weltkrieg mit Originalaufnahmen. Britische Bomber verstreuten Bombenzäpfchen über Deutschland. Plötzlich sagte meine Mutter: Was soll denn die Avocado auf dem Fernseher? Ich sagte, dass obendrauf der wärmste Fleck im Haus sei und dass sie da oben schneller reif würde.

Das ist Quatsch. Geh, leg sie auf den Kühlschrank. Warum soll eine Avocado auf dem Kühlschrank besser aufgehoben sein als auf dem Fernseher?, sagte ich. Hier passt sie doch hin. Eine grüne Avocado passt auf jeden Fall besser zu einem alten Schwarzweißfilm als auf einen blöden latexweißen Kühlschrank.

Meine Mutter seufzte. Ich stell mir schon genug vor. Ich will einfach mal in Ruhe diese Sendung sehen.

Sie war aufgestanden und hatte die Avocado vom Fernseher hinüber zum Kühlschrank getragen, der sofort zu brummen anfing wie ein vom Kurs abgekommener Bomber.

Und ich hatte plötzlich dieses Bild im Kopf: unser Häuschen – unbehaust, die Dinge intakt, nichts Lebendiges, Menschen weg, Vögel weg. Eine richtige Schneller-wohnen-Idylle. Nur mich konnte ich mir nicht wegdenken. Ich war da, auch wenn ich mich schämte, und auf dem Fernseher wie ein grünes Ei eine frierende Avocado.

Er legte sich wieder neben mich.

Vielleicht gibt's eine Pille, sagte er. *Hormone für Vögel. Ich hab sie noch nie vögeln sehen, du?*

Er hatte seine Hand wieder auf meine Hüfte gelegt und streichelte mich, während ich den Kopf schüttelte. So weit waren wir schon.

SCHNITT. Mädchen und Junge gehen Händchen haltend zum Ufer. Abwechselnd knutschen sie und sehen aufs Wasser. Der See ist blass, keine Linie trennt ihn vom Himmel. Sie knutschen und betasten sich. SCHNITT. Neben dem Kassenautomaten im Parkhaus. Sie knutschen. SCHNITT. Tanzfläche. Mädchen und Junge schwitzend. Wild. HALBNAH. Nah. Überall Arme und Beine und Haare. Die Tanzfläche. Vollgummi. Die beiden. Knutschen. Im Hauseingang. Sie knutschen. Der Junge hat rote Wangen, sein Haar ist zerwühlt. Sie knutschen, dass dem Mädchen Hören und Sehen vergeht. Der Junge sagt: Ist doch Scheiße, dieses Rumgehänge. Wir brauchen ein Nest. Wie sieht's bei dir aus? Seit meine Schwester studiert, sagt das Mädchen, hab ich das Zimmer für mich. Aber meine Mutter ... Mutter, kein Problem, sagt der Junge. SLICE-ÜBERBLENDUNG. Fünf Jahre zurück. Das Mädchen steht unter der Dusche. Sie ist klein und dünn. Sie hört, wie sich im Wohnzimmer Mutter und Schwester anbrüllen. ZOOM auf die Spaghetti, die die Mutter nach der Schwester geworfen hat, ohne zu treffen. Rutschen schön rot und tomatig die Fensterscheibe hinab auf den Boden. SCHNITT. Mädchen mit nassen Haaren im Bademantel wischt die Spaghetti mit Klopapier vom Fenster. RÜCKSCHNITT. Okay, sagt das Mädchen. Ich will es auch. Wir probieren es. Aber mach dich auf eine Aufnahmeprüfung gefasst. Von tausend kommt einer durch. Okay, sagt der Junge, kann ich mich vorbereiten? Na ja, Hauptsache, du trägst keine schwarze Lederjacke und kommst nicht auf einem frisierten Mofa. Und kein Ledersäckchen am Handgelenk, bitte, und keine blumenbedruckten Döschen mit Pillen drin.

An diesem Punkt war ich nicht sicher, ob der Film nicht die falsche Wendung genommen hatte.

Komm, trink ein bisschen, sagte er und goss mir nach.

Es ist plötzlich so still, sagte ich. Wo sind die Sittiche? Dann sah ich sie oben auf der Gardinenstange. Schnabel an Schnabel. Siamesische Sittiche, reglos, als hielten sie den Atem an.

TOTALE: Samstagnachmittag Ende November. Der Junge im dicken weißen Wollponcho klingelt an der Tür. Mädchen in Schwarz öffnet. SCHNITT. Heftiges Knutschen in der Garderobe. Küchengeräusche. Schnitt. Die Mutter hat nasse Hände. Sie nimmt die Hand des Jungen nicht an. Sie reicht ihm den Ellenbogen. Seine Hand bleibt in der Luft stehen. Bleibt einfach in der Luft stehen.

Jetzt kippte der Film endgültig aus seinem geplanten Rhythmus.

Befragung des Jungen durch die Mutter. Stoisch hält der Junge den Fragen stand. Aber seine Stimme klingt, als stünde er vor dem Pförtner des Untersuchungsgefängnisses, denkt das Mädchen. Christian Matthias Buschmann, Loher Weg 4. Vater Architekt, selbstständig. Das Muttergesicht entspannt sich. Die Mutter wird munter, wach. Und sie ähnelt meiner Mutter.

Dann: Filmriss.

Christian Matthias Buschmann besuchte uns mehrmals die Woche. Er schien unsere Treffen in der B-Ebene überhaupt nicht zu vermissen, unsere heimlichen Spaziergänge. Buschi, wie meine Mutter ihn nannte, war jetzt legal und er durfte alles. Er durfte den Kühlschrank plündern, er durfte das Telefon abnehmen, er durfte sogar den Käseteller bestücken, wozu er bekanntlich jeden Käse einzeln in die Hand nehmen musste. Aber das untrüglichste Zeichen, dass er den Hochsicherheitstrakt meiner Mutter, ihr Herz, geknackt hatte, war, dass er die Wellensittiche nicht nur streicheln, sondern auch aus dem Käfig nehmen durfte. Als Buschi am 7. Dezember ein Kettler-Bike zum Geburtstag bekam, bekam ich am 13. Dezember auch ein Bike zum Geburtstag, wenn auch keins von Kettler. Und außerdem lag dieses Büchlein auf meinem Bett, seitenweise schematische Zeichnungen und echte Fotos von Mädchen und Jungs, die zeigten, wie man's macht. Offenbar wusste meine Mutter nicht, was wir in der Schule schon alles durchgenommen hatten. Meine Bio-Lehrerin war fast ausgeflippt, als sie die Mädchen gebeten hatte, die Hände auf Exkursion über die eigenen Gefilde zu schicken. »Ich sage meiner Clit Guten Tag«, hieß die Hausaufgabe. Und mit diesem Büchlein wusste ich nun alles doppelt, was natürlich ist. Und doppelt genäht hält besser.

Hey, sagt Buschi, *hallo? Du hast Angst, ja? Du stellst dich tot vor lauter Angst.*

Angst?, sage ich. *Warte mal.*

Ich fange seine Hand auf meiner Taille ab.

Das erinnert mich an etwas, sage ich, *das hat schon mal einer gefragt.*

Buschi wartet, rührt sich nicht. Wie ein kleines Tier im Nest, das abduckt, wenn ein bedrohlicher Schatten sich nähert, von dem es schon die dumpfen Schritte hört. Süßes kleines Tier. Aber ich gehe nicht vorbei. Die Drohung steht im Raum, sträubt das Nackenfell, beginnt zu schnüffeln. Interessant, was mir da plötzlich eingefallen ist, während ich Buschis Puls am Handgelenk spüre. So was lässt sich nicht filmen, denke ich, wie der sich beschleunigt. One hundred and sixty beats per minute.

Der Freund meiner Schwester hat Pillen eingeworfen, sage ich. *Aber das ist lange her. Er ist von der Schule geflogen. Keine Ahnung, wo's jetzt mit ihm langgeht.*

Und, sagt Buschi, *hat er das gefragt?*

Jetzt liegt Buschis Hand in meiner wie eine kleine und schon tote Beute. Vor einer knappen halben Stunde hat er meiner Mutter noch in den Mantel geholfen und die Wohnungstür hinter ihr zugeschoben. Dann hat er den Hausschlüssel, den meine Mutter wie zufällig liegen gelassen hat, ins Schloss gedreht. Dann hat er die Wellensittiche auf ihren Wandertag geschickt. Niemand kommt in die Wohnung, auch wenn wir uns dümmer anstellen als die tausendste Generation gefangener Vögel. Obwohl damit keiner zu rechnen brauchte, er nicht, ich nicht, Herr und Frau Buschmann nicht, meine Mutter nicht und nicht meine Biologielehrerin.

Warum hat er das gefragt?, fragt Buschi.

Er hat gefragt, ob ich mit spazieren komme.

Wieso denn das?

Einfach so, sage ich. *Wenn ich meine Schwester mit ihm zusammen abhauen sah, so nachmittags Händchen haltend Richtung See, wäre ich gerne mit, aber sie wollten mich nicht dabeihaben. Meine Schwester hatte ständig Krach mit meiner Mutter und mir. Der Krach weitete sich aus, sprang wie ein Funken auf sie und ihren Freund. Und dann brannte es wie Zelluloid und zwischen ihnen war Sendepause. Da schaltete ihr Freund um, auf mich. Ob ich mitkäme auf einen kleinen Giro. Ich hab sofort Ja gesagt.*

Und deine Schwester?, sagt Buschi entrüstet.

Die hat nichts mitgekriegt davon, sage ich.

Wir sind dann zum See gelaufen. Der Asphalt war noch richtig warm, der Teer weich, und ich barfuß. Der Freund meiner Schwester sagte, er habe was vor mit mir, das sei streng geheim. Eigentlich habe er es mit meiner Schwester vorgehabt, aber die könne sich nicht entscheiden, selber schuld. Er hat mir seinen Plan erzählt, den ich nicht so genau kapiert habe, aber irgendwie fand ich es spannend.

Hast du Angst, dass es wehtut, Kleine?

Angst wie die Elfe mit elf, sagte ich. Dieser Satz war ein Knoten im Taschentuch, um mir ich weiß nicht mehr was zu merken, bis ich dann wirklich elf Jahre alt war. *Wie weh tut es?*

Der Freund meiner Schwester hat gelacht. Es tut gut. Gut wie Blut.

Und wenn ich verblute?

Der Freund meiner Schwester war 16 und trug seine Lederjacke. Er stand auf Leder. An seinem Handgelenk hing immer dieses schwarze Ledersäckchen mit Tempos und Pfeifenstopfern und seinem Pillendöschen drin. Wir liefen über den Strand. Das Seegras war weich und trocken, bildete eine Linie an der Wasserkante entlang, knochenweiß.

Zuerst suchten wir eine Muschel. Der Freund meiner Schwester hat sich nach allem Möglichen gebückt. Jede stumpf geschliffene Scherbe landete in seinem Säckchen, auch eine platt gedrückte Cola-Dose. Wie alt sind die Scherben?, sagte ich und hielt mir eine vors Auge. Keine Ahnung, sagte er. Seit wann gibt's Glas?, sagte ich. Ach, schon ziemlich lang, sagte er. Aber in den wirklich wertvollen Zeiten gab's kein Glas.

Im Seegras hatte sich alles verfangen, was leicht war, gewichtslos. Hölzer und Schilfstängel, Plastikflaschen oder Kappen von Tuben, sommerliche Plastikteile, zuhauf winzige Schneckenhäuschen, Muscheln. Muscheln mit Macken, halbiert, in der Mitte auseinander gebrochen. Eine geschlossene Muschel lag schwer in meiner Hand. Ich warf sie in den See zurück, bevor der Freund meiner Schwester sie aufbrechen konnte. Nein danke, sagte ich, ich will nicht sehen, wie's da drin aussieht. Wir hielten uns an die Seegraslinie. Dann fand der Freund meiner Schwester endlich, wonach er gesucht hatte: die leere Muschel – zwei offen stehende intakte Flügel, außen algenbraun mit weißem Auge, innen blasses Perlmutt. Die beiden Hälften ließen sich zusammenklappen, ohne zu brechen. Sie war so, wie man sich eine Muschel vorstellt: wie mit einem Scharnier in der Mitte. Wir drehten vom Ufer ab und setzten uns neben einem Schilffeld auf den Kies. Das Schilf war so bleich wie das Seegras, die Sonne weiß verschleiert. September am See – in der Luft ein Geruch, als würden die Farben verduften.

Er gab mir seine Hand. Seine Hände waren viel erwachsener als meine, groß, und die Handlinien klar, nicht wie bei mir, durchkreuzt von vielen Nebenlinien. Seine Finger gefielen mir auch, gebräunt und kräftig, und die Form seiner Fingernägel, schlanke Vierecke, alles passte zu seinem geheimen Plan, bis auf die dunklen Ränder unter den Nägeln. Ich sagte: Keine Angst vor Blutvergiftung?

Der Freund meiner Schwester lachte wieder so erwachsen, so, dass der ganze Mund aufging und man den Rachen sah. Er sagte: Der Mittelfinger eignet sich am besten, den nehmen wir. Eigentlich hab ich's mit deiner Schwester vorgehabt, aber die konnte sich ja nicht entscheiden.

Was würde sie sagen, wenn sie wüsste, dass du jetzt mich gewählt hast?

Er zog ein Managerface auf und sagte: Top secret. Zwischen dir und mir. Deshalb säßen wir ja an diesem herbstverlassenen Strand. Das wird uns perfekt, er sagte »perfect«, miteinander verbinden. Unauflösbar. Und da ich die Verbindung von perfect und schön aus der Werbung kannte, fühlte ich mich wie zu Hause.

Er zog alles Nötige aus seinem Ledersäckchen. Tempos, Pflaster, Bindfaden, Dosenblech.

Schnell tut's am wenigsten weh, sagte er.

Vor seinem Schmerz hatte ich nicht weniger Angst als vor meinem. Der Freund meiner Schwester bog eine Ecke Cola-Blech um zu einem steinzeitlichen Keil. Die Zigarette behielt er im Mundwinkel. Er wollte Künstler werden. Er fuhr mit der Keilspitze über seinen Mittelfinger, bis es blutete. Der Rauch stach ihm in die Augen, aber er hatte keine Hand frei. Er tat mir Leid. Dann war ich dran. Ich streckte ihm meine Arme entgegen, meine Hände, Handflächen nach oben. Ich spürte das Blech und mein Arm gab nach. Immer wieder gab mein Arm nach. Ich konnte nichts tun. Komm her, sagte er, hielt meinen Arm auf seinem Knie fest. Ich spürte das spitzige Blech und den Druck auf meinen Finger.

Dann presste der Freund meiner Schwester seinen Finger auf meinen, Kuppe an Kuppe. Ich sah meinen Finger voll von seinem Blut. Er tupfte es ab. Ein Tempo voll Blut, seines-meines. Er riss ein Stück ab vom Tempo und legte es in die Muschel. Dann klappte er sie zusammen und band sie mit Bindfaden zu. Er zog die Lederjacke wieder an und wir liefen zum Ufer. Er warf die Muschel weit in den See. Ich stellte mir vor, wie sie hinabschwebte, diese geschlossene, hinab zu der nie geöffneten. Jetzt gehören wir für immer zusammen, sagte er.

Und was war das für ein Gefühl?, sagt Buschi.

Beschissen, sage ich und halte ihm mein leeres Sektglas hin.

Es war zwar ein Geheimnis, aber genau deshalb gab's andauernd Krach bei uns. Kurz danach trennte sich meine Schwester vom Freund meiner Schwester und ich wurde ihn nicht mehr los.

Wir liegen auf dem Bett, wir haben uns für Popmusik entschieden, demokratisch, und das dunkelblaue Handtuch aufgefaltet. Man hat uns gesagt, dass es wehtun wird, und wir wissen, dass das nicht schlimm ist. Meine Mutter hat gesagt: Wascht euch vorher. Und die Lehrerin hat erzählt, wo's am schönsten ist und dass man solche Stellen vorher auch küssen könne, wenn man wolle, und sogar meine Schwester findet, Buschi sei der Richtige, und seine Mutter hat auch nichts einzuwenden, im Gegenteil. Von ihr stammen die Kondome mit Erdbeergeschmack. Buschi ist unbestreitbar süß, glatt und hell. Buschi ist ein Wunschkind. Selbst die Wellensittiche mögen ihn. Sie hängen jetzt kopfüber am Vorhang, schauen auf uns herab.

Alle sind dafür, dass es endlich passiert. Es wird eine Sache sein zwischen uns, die wir nie vergessen werden. Es wird uns ewig aneinander binden.

SCHNITT. SCHWARZFILM. Ewig langer Abspann. Weiß auf Schwarz. Riesen-Team. Massenhaft Assistenten. Copyright für die Musik by ...

Und Buschi ist flaumig wie ein kleiner Vogel in einem intelligent gebauten Nest. Dieses Vögelchen wird zunehmend größer, denke ich, und plötzlich bin ich das kleine Tier und er ist das große, das vor der Höhle. Und ich schaue hinaus und sehe seine weißen Hände, die darauf warten, dass es endlich weitergeht. Nach Plan: das Öffnen einer Schachtel nach Gebrauchsanweisung.

Und ich ducke mich und rühre mich nicht mehr, bis er sagt: *Hey, was ist denn?*

So mitfühlend, so einwandfrei, so sauber. Und ich sage: *Weißt du, ich glaube, wir sollten uns jetzt anziehen.*

Ist dir kalt? Er legt sofort seine warme Hand auf meine Schulter.

Nein, sage ich, *es sind einfach zu viele Leute versammelt*, und schaue den Wellensittichen zu, die inzwischen auf dem Boden sitzen und sich an den sektseligen Korkstückchen berauschen.

Silvia Szymanski

Wo die Musik herkommt

Das erste richtig hässliche Erlebnis, an das ich mich erinnere, hatte ich mit drei in Finkenrath bei meiner Oma. Ich hatte mir in einem alten Haufen Bausand einen Garten gebaut, mit abgepflückten Blüten und Zweigen. Ich begoss sie und steigerte mich in den Glauben, sie würden wachsen wie die Pflanzen in Papas Garten. Da kam meine Spielkameradin Desirée und machte meinen Garten absichtlich kaputt; ich war völlig verdattert.

In Finkenrath hab ich auch zum ersten Mal mitgekriegt, dass Lebewesen auf Nimmerwiedersehn verschwinden können. Es handelte sich um den Kater Peter, der weggelaufen war und nach dem tagelang gerufen wurde. Ich hatte ihn nur flüchtig gekannt. Er war wesentlich älter als ich, hatte Krallen und war immer abweisend mir gegenüber gewesen, ich glaub, er fand mich doof. Immer wenn ich auf ihn zuwackelte, um ihn zu streicheln, runzelte er genervt die Stirn, murmelte »ich muss noch was erledigen« und hatte es plötzlich sehr eilig. Katzen haben eine verletzende Art, sich bei Problemen oder unerwünschten Annäherungen dünne zu machen; sie setzen sich nicht mit etwas auseinander. Peter kam nie wieder.

Meine Eltern gaben in den nächsten Jahren einer Reihe von Katzen ein Zuhause. Wenn sie nicht mehr wiederkamen, nahm ich das hin, weil ich mir nicht vorstellen konnte, was geschehen war.

Eines Tages im Dezember teilten unsere Eltern meinem Bruder und mir mit, sie hätten zu Weihnachten einen Ausländer eingeladen. Ich fand es eigentlich gut, dass meine Eltern sozial eingestellt waren, aber über die Aktion war ich verzweifelt; unsere Eltern wussten doch, wie unwohl mein Bruder und ich uns meistens fühlten, wenn sie Besuch einluden. Wie konnten sie uns das zu Weihnachten antun! Wir würden uns benehmen müssen, komische Fragen gestellt kriegen, unsere Eltern würden sich geziert verhalten. Es würde so ungemütlich werden.

»Ihr werdet ihn bestimmt gern haben«, sagte Mama. »Er freut sich schon auf euch. Ihr könnt schön mit ihm spielen.«

Wie konnte sie das über uns bestimmen! Ich weinte, als ich mit Oma unseren Christbaum schmückte.

Der »Ausländer« hatte blaue Augen und ein silbergraues Fell, das an Schnäuzchen, Ohren, Pfoten und Schwanz schwarz schattiert war. Er war ein kleiner Siamkater, Mama hatte uns nur verarscht.

Ich fand ihn faszinierend elegant, wie einen Prinzen. Noch heute habe ich einen Teppichboden in der Farbe von Monkeys Fell und bewundere an manchen Männern die Kombination von dunklem Haar und blauen Augen. Auch seine Hoden waren hübsch, ganz zierlich, dunkel, dicht und weich behaart. Ich hätte wahrscheinlich längst schon Kinder, wenn ich nicht Menschenbabys, sondern Katzen gebären könnte.

Monkey schnallte nicht, dass ein Pullover nicht das Menschenfell war, und leckte hingebungsvoll mit seiner rauen Zunge an der Wolle, die Fusseln blieben in seinem Mund hängen und er machte ein verzweifeltes Gesicht. Aber es war ein ungeschriebenes Gebot der Höflichkeit in Katzenkreisen, nichts dazu zu sagen, egal wie struppig und ungepflegt das Fell des andren war: Wenn man von ihm gefüttert wurde und in seinem Revier jagen durfte, dann war es das Mindeste, sein Fell zu lecken und dessen desolaten Zustand dezent zu ignorieren.

Wir hatten Monkey so genannt, weil er was von einem netten, kleinen Affen an sich hatte. Er lauste uns sogar. Er kletterte an uns hoch und hockte sich in unsere Nacken, wühlte in unseren Haaren, zog sich die Strähnen durch die Zähne, kämpfte mit ihnen und schmatzte dabei. Seine Spucke roch nach Whiskas.

Sonntagmorgens zog ich den langen alten Frotteebademantel an, den eine Verwandte angeekelt abgelegt und an uns verschenkt hatte, und wurde Monkeys Kletterbaum. Im Nu war Monkey auf meinen Schultern, die Frotteeschlaufen geschickt für seine gebogenen, langen Fingernägel nutzend, ohne dass sie abbrachen, und wühlte mir die Haare durcheinander. Eine verrückte Friseuse war an ihm verloren gegangen.

Wenn er eine Fliege an der Wand sah, hockte er sich andächtig vor sie hin und fixierte sie, als wäre sie ein Bild in einem Museum. Er war dabei vollkommen regungslos; nur seine Zähne klapperten. Dann stürzte er sich auf die Fliege und machte zickige Sprünge mit allen vieren in die Luft. Dann schluckte er die Fliege runter, bekam ihr würzig herbes Inneres in die Nase und musste niesen.

Monkey war nervenschwach. Ein Gewitter brachte ihn völlig aus dem Häuschen und er schrie und weinte bei uns im Keller, wo wir ihm Schlafzimmer und Toilette eingerichtet hatten. Er war wie traumatisiert, er schien zu glauben, es gäbe Bombenangriffe oder so was.

Wenn er in seinem Körbchen auf dem currygoldenen Kissen lag, malte ich ihn mit Buntstiften ab. Mir bangte vor dem Tag, an dem er verschwinden würde. Das würde kommen, denn er war ein Kater und damals wurden Kater und Katzen noch nicht sterilisiert.

Als wir noch ein Katzenweibchen hatten, mussten wir damals zweimal im Jahr Leute suchen, die kleine Katzen haben wollten. Fanden wir zu wenige, so musste mein Vater schweren Herzens mit den Katzenbabys in den Wald gehen und kam ohne sie zurück. Wir weinten; wir wollten alle Kätzchen behalten. Es war so faszinierend und rührend anzuschauen, wie sie geboren wurden, blind und würmchenähnlich, wie ihre Mutter schnurrte, weil sie da waren, und sie dann ohne Ekel ableckte.

Mit Katern hingegen hatte man das Problem, dass ein Kater ströhfte. Das heißt, er wurde eines Tages unruhig, als wenn ihn etwas riefe, und ganz nach Katzenart verabschiedete er sich nicht und hinterließ keinen Zettel; er ging dann tagelang auf Jüsch und suchte Katzen, um sich mit ihnen zu paaren, schlug sich mit Rivalen, schlief in Schuppen, stahl sein Fressen aus den Näpfen anderer, fing Mäuse oder raubte Nester mit jungen Vögeln aus ... so genau wollten wir es gar nicht wissen.

Die Menschen, denen er dabei begegnete, kannten ihn nicht von Kind an und hatten ihn nicht so lieb wie wir. Es gab sogar Leute, die Katzen hassten und verachteten. Selbst unser eigener Opa spuckte unsre Katzen manchmal an und rieb ihre Nase in ihre stinkigen Häufchen, wenn sie irgendwo hingemacht hatten. Diese damalige Generation von Opas fand nur Nutztiere sinnvoll. Katzen sollten Mäuse fangen, man streichelte sie bloß zur Belohnung. Und Vögel sollten singen oder bunt sein. Opa ärgerte sich, wenn Spatzen im Winter im Vogelfütterhäuschen mitaßen; nur Vögel, die singen konnten oder schön waren, sollten etwas kriegen. Opa selbst war weder schön, noch habe ich ihn je singen gehört. Vielleicht war diese ganze Einstellung Opas wirklich noch vom Rassismus und dem Selektionswahn der Hitlerzeit geprägt.

Auch die Jäger in unserer Gegend schienen noch aus jener Zeit zu stammen. Sie sahen in streunenden Katern Rivalen und bezeichneten deren Versuche, sich was zum Fressen zu erjagen, allen Ernstes als »wildern«. Katzen wurden oft versehentlich von ihnen totgeschossen. Wir versuchten, unsere Katzen immer einzusperren, wenn Jäger draußen waren. Dann waren unsere Katzen sauer und verzweifelt, weil sie die Gründe nicht verstanden.

Das erste Mal, dass Monkey weg war, dauerte fünf Tage. Ich hatte das mit anderen Katern schon erlebt. Manche waren nie zurückgekommen, andre schwer verletzt. Einem waren die Krallen abgeschliffen, einem fehlte ein Auge und stattdessen ringelten sich Würmer in der Augenhöhle.

Von seiner zweiten Tour kam Monkey nicht mehr zurück.

*

Verglichen mit dem, was Monkey wohl hatte erleben müssen und mit meinem Schmerz um ihn war alles harmlos, was mir widerfuhr, als ich selber in das Alter kam, in dem man sich herumtrieb. Die Menschenjungs da draußen standen mir lang nicht so nah wie er, sie waren nicht so kindlich und so rührend, sie waren eher manchmal doof.

Wir Kinder von früher hatten uns nach der Kindheit ja stillschweigend in Geschlechter eingeteilt und gingen nun getrennte Wege. Die Jungen begannen, ernsthaft und nur unter sich Sport zu treiben und über männliche Interessen zu fachsimpeln. Die Mädchen lernten von den Müttern kochen, handarbeiten und über Gefühle reden. Das Wäldchen, in dem wir immer zusammen gespielt hatten, blieb nun leer von uns. Wir stimmten uns auf die Erwachsenenwelt und ihre Gepflogenheiten ein und übten, später mal da mitzuspielen.

★

Mein erster, aufwühlender Traum von einem Mann wurde zu jener Zeit durch einen Fernsehfilm hervorgerufen. Er hieß »Wie ein Schrei im Wind« und spielte in Kanada um die Jahrhundertwende.

Damals gab es wenige Frauen dort, während in England große Armut herrschte. So entschieden sich manche Engländerinnen, sich als Ehefrauen nach Kanada vermitteln zu lassen, um zu überleben.

Eve war eine dieser Frauen, ein stummes und verhuschtes Wesen, das sich an einen Mann verkaufte, den sie nie zuvor gesehen hatte: Jean la Bête. Jean war ein grober Kerl; er wohnte allein im Wald und jagte Pelztiere. Eve sollte sich ums Blockhaus kümmern, Holz hacken, Feuer machen, kochen, Schnee auftauen. Sie hatte Angst vor ihm. Er versuchte, nett zu sein, sie wurde zutraulich, doch eines Nachts fiel er über sie her und am nächsten Tag floh sie mit einem Floß zurück in die kleine Stadt, in der sie angekommen war. Sie lebte dort einige Zeit und verlobte sich mit einem andren Mann, der kultiviert und nett war. Doch eines Tages hörte Eve jemanden Jean la Bête erwähnen, das schreckte sie auf. Sie nahm sich heimlich ein Kanu, verließ ihren Verlobten und floh zu Jean la Bête, um für immer mit ihm im Wald zu leben.

Ich wohnte auch an einem Wald mit meinen Eltern. Ich kannte das: mit Schlitten durch die Wildnis ziehen, Iglus bauen, Tiere beobachten, so tun, als hätte man ein Gewehr, und seine Beute auf den Schlitten laden, heimwärts ziehen. Ich liebte das. Ich würde, wenn ich groß wär, nach Kanada ziehen, wo, wie mein Vater sagte, noch heute Männer wie Jean la Bête lebten.

Es war ein Film und es war Kitsch, ich war ein Kind und Jean la Bête ein Mann. Also erfuhren von meiner Liebe nur mein Tagebuch und mein feixender Bruder, der es mir raubte und las.

⋆

Damals brachte mein Onkel uns regelmäßig alte Illustrierte mit; sie wirkten auf uns wie Strandgut, das aus einer fernen Zivilisation an unsere weltfremde Küste gespült worden war.

An Regentagen schnitten mein Bruder und ich daraus Fotos von Prominenten aus und spielten mit ihnen. Es war lustig, mit den großen Leuten Unsinn zu machen und Inge Meysels Kopf auf Ingrid Steegers nacktem Jungmädchenkörper zu platzieren.

Meine Kusine Pia kriegte von ihrem großen Bruder alte »Bravo«-Hefte. In jeder Bravo war ein

Teil von einem Puzzle, das man sammelte, bis man das über-lebensgroße Poster eines Stars daraus zusammengeklebt hatte. Von Pias Bruder hörten wir befremdet, dass im alten Ägypten die Prinzessin Isis ihren Mann Osiris auch wie einen Starschnitt geduldig zusammenpuzzeln musste, nachdem ihn ein böser Verwandter (oh, die Verwandten! Ich konnte es mir vorstellen!) zerstückelt hatte. Den Penis konnte Isis nicht finden, sie bastelte Osiris einen neuen, dann kriegte sie sogar ein Kind von ihm – so weit gingen Pia und ich nicht. Isis und Osiris waren übrigens nicht nur Eheleute, sondern zugleich Geschwister gewesen – auch das konnte man nicht auf Pias und meine Lage übertragen, indiskutabel, nicht mit unsren unmöglichen Brüdern! Aber wir übten Verliebtsein mit unsren Bravo-Götterbildern und verglichen, wen wir am süßesten fanden.

Wie Urmenschenmädchen hatten Pia und ich an unsere Jugendzimmerhöhlenwände projiziert, was wir erjagen wollten. Dann gingen wir die Jungen suchen, die unseren Bildern ähnlich sahen, auf der Kirmes und dem Schulhof.

*

Auf der Kirmes-Raupenbahn sprangen auserwählten Mädchen manchmal fremde Jungen in die Wagen und küssten sie oder berührten ihre Brüste. Pia und mir passierte das nie; wir dachten, weil wir zu hässlich waren, aber vielleicht waren wir den Jungen nur noch zu kindlich.

Der Platz war staubig, der Wind trieb die Los-Nieten drüber, wir fühlten nicht viel. Wir saßen wie Statuen in unseren Wägelchen und ließen uns im Kreis herumfahren, die Beine in kratzigen Strumpfhosen. Es waren größtenteils Jungen aus den Sozialwohnungen in der Nähe hier am Start, geduckt geprügelte Hunde in engen, verfilzten Pullovern, mit stumpfen Haaren; sie schielten, hatten viereckige, schmutzige Fingernägel, lehmfarbene Gesichter, blutleere Lippen. Sie rochen nach Rüben und uralten gekochten Kartoffeln. Die Schuppen klebten an ihren schmalzigen Haarsträhnen und der hellgrauen Kopfhaut darunter.

Aus unseren Raupenbahnkutschen beobachteten wir die Familien, die nach dem Sonntagskaffee und -kuchen zur Kirmes kamen. Die Frauen hielten aus Reue wegen zu viel Kalorien den Atem an, um sich zu bestrafen mit der halbwahnsinnigen Idee, sie könnten damit ihre »Sünden« rückgängig machen. In ihren Handtaschen trugen sie das wichtige Geld herum. Ihre Kinder waren nervös und knatschig, sie wurden abgelenkt mit »Guck mal da!« und »Willst du das?«, bis sie, vom Eis fasziniert, ihr Unglück vergaßen.

Pia und ich gaben unser Taschengeld aus und streiften dann ziellos weiter durch die Gegend und sammelten Eindrücke. Wir trugen sie wie in einem imaginären Medaillon am Herzen heim, schreckhafte Augenblicke, heiß und herzschlagkurz: der Mann auf dem Trecker – der Sohn des Schuldirektors, der den Rasen seiner Eltern mähte – der jugoslawische Busfahrer – der Sohn des Besitzers der

Nivelsteiner Sandwerke, der in seinem ersten Auto an uns vorbeifuhr. Wir schütteten die Andenken an sie auf unseren Kopfkissen wie Juwelen aus und träumten uns in ihrer Mitte in den Schlaf.

★

Pia und ich waren unsicher, was Frau Plum sich dabei dachte, ihrem Sohn und unserem Klassenkameraden Franz-Josef diese Fete zu erlauben, Mädchen und Jungen, bei ihr im dunklen Partykeller! Wir waren ihrer Großzügigkeit nicht gewachsen, wir waren albern und verkrampft.

Plummi hatte den Raum mit Postern von Musikern und Kerzen geschmückt. Plummis Mutter brachte Frikadellen, Käsewürfel, Nudelsalat, Pudding und Cola herunter. In Salaten hatten Mütter ja was weg.

Jeder hatte ein kleines Geschenk für Plummi mitgebracht. Ich hatte ihm bei Radio Meier eine Single gekauft; eine für mich ungewohnt erwachsene Aktion, die mich stolz und glücklich machte. Ich weiß nicht mehr, was für ein Song es war, es kann gut was Schlimmeres gewesen sein, ich hatte damals überhaupt keinen Geschmack.

Die Jungen standen wie eine kleine Herde um den Plattenspieler, lachten nervös und unterhielten sich rau: welcher Lehrer doof, wer nett? Welche Band die beste, wer wo ein- und ausgestiegen, wie hießen die Gitarren?

Wir waren alle in derselben Klasse, aber Plummi hatte nicht alle Mädchen daraus eingeladen, sondern eine Auswahl getroffen. Ich konnte mir nicht vorstellen, warum ich mit dabei war.

Hoffentlich wollte er mich nicht verarschen. Pia und ich suchten uns unsere Favoriten aus.

Eigentlich musste man Stefan Saran am besten finden, mit seinen blonden Locken und dem edlen, blassen Gesicht. Die Mädchen erzählten sich von ihm, er sei ein Genie. Er spielte Cello und Klavier.

Ich wollte durchaus auf das stehen, worauf alle standen, doch ich sah öfter hin zu Hubert Robiniek, den kein Mädchen interessant zu finden sich bekannte. Sein Gesicht sah verworfen und nackt aus, wie etwas, das man gar nicht ansehn durfte. Sein Mund war schmerzvoll, üppig, wie der von Hanns-Martin Schleyer, dem Arbeitgeberchef, den die RAF-Terroristen gefangen und umgebracht hatten. Seine Augen saugten und fraßen ohne Manieren und gierig wie Magneten.

Als wir Flaschendrehen spielten, zeigte meine Flasche auf ihn.

Er küsste mich erst wie ein Kind. Dann kam er mit seiner Zunge zu mir rein. Ich hatte davon gehört, dass man damit irgendwann anfangen musste, aber ich dachte, das würde viel später kommen, und war etwas geschockt. Ich kam mir vor, als suchte ein Verbrecher bei mir Unterschlupf, ich müsste ihn verstecken und seine Übeltat mit ihm vertuschen. Ich hätte mich nicht gewundert, wenn die Tür aufgesprungen wäre und ein Polizeikommando uns verhaftet hätte. Ich war betroffen wegen der geheimen Botschaft über das Leben, die

Hubert mir da zusteckte mit diesem Kuss, über die glibbrige, lüsterne, lebendige und nackte Substanz hinter der Fassade.

★

Hubert Robiniek war kein Mann wie Jean la Bête, aber er war immerhin hässlicher und wilder als die andren Jungs aus meiner Klasse. Ich konnte mit ihm nicht renommieren, aber ich war zufrieden über den Kuss und wärmte mein Herz mit der Erinnerung daran. Aber gehören wollte ich ihm nicht.

Mein Schulfreund Klaus Steins kam mich zu der Zeit manchmal besuchen. Er war nicht auf Plummis Fete gewesen und wusste nicht, dass ich schon bei andren Jungen mit dem Küssen angefangen hatte. Mit ihm war ich immer noch Kind. Wir gingen durch den Wald spazieren, Klaus wollte Förster werden. Er erzählte mir von Heldensagen, Tieren, fremden Ländern. Auch darin war ein Stück von Jean la Bête.

★

Jeder Weg, den wir mit vierzehn vor uns sahen, hatte den Beigeschmack von Verrat an dem Kind, das wir gewesen waren, und unsere Eltern, besonders unsere Väter, waren darüber betrübt.

Sie fanden, dass wir unsere Unschuld verkauften und auch noch unter Wert, an Moden und Typen, die sie gering schätzten.

Aber wir konnten doch nicht in unsren Kindersachen stecken bleiben, unsere Väter waren auch nicht kleine Jungen geblieben, dachten sie nicht daran? Unsere Väter waren als junge Männer zum Teil sogar im Krieg gewesen.

Wir hatten es besser, und das sagten sie uns auch, in vorwurfsvollem Ton manchmal. Sie entfernten sich von uns mit einer gewissen Verbitterung. Das war schade. Wir hätten gerne beides gewollt: die Sympathie unserer Väter behalten, aber auch Mädchen von heute werden.

Auf unserem Schulhof war jetzt ein Stil im Gange, dem meine Freundinnen und ich uns ähnlich machen wollten. Langhaarige, wilde Girls standen lässig in der Raucherecke, in psychedelisch gemusterten Miniröcken, Schnürstiefeln und mit Stirnbändern. Sie wirkten wie aus einem anderen Film an unsere Schule gebeamt und verkörperten den weiblichen Typ, der in Rocksongs besungen wurde und den Jungen begehrten.

Meine Freundinnen und ich suchten schüchtern in Boutiquen nach ähnlichen Klamotten. Wir ließen uns in die Rockmusik einweisen, lernten die Moden unterscheiden und steigerten uns in die Erlebniswelt von Küssen und Geknutsche. Es war interessant, die verschiedenen Jungen, die unsere Umwelt hervorbrachte, kennen zu lernen und auf sie einzugehen wie erwachsene Frauen.

Martina war das erste Mädchen in unserer Clique, das mit einem Jungen schlief. Sie schwärmte: »Das müsst ihr unbedingt auch machen!« Sie lachte selbst, weil das so unbekümmert klang, aber ihr war ja auch wirklich unbekümmert zu Mute.

Stefan Saran gehörte auch zu unserer Clique. Er hatte inzwischen Nietzsche gelesen und konnte auf dem Klavier improvisieren, er sah verträumt und fiebrig dabei aus wie Chopin. Er galt als kompliziert und egoistisch, was für uns, die wir Psychologie studieren wollten, interessant war, eine Herausforderung unserer analytischen Fähigkeiten und unserer Fantasie.

Auf Martinas Party knutschte er auf einmal mit mir in einem dunklen Nebenzimmer. So intensiv und wild hatte ich das noch nicht gekannt; es gefiel und schmeichelte mir, aber ich hätte mir gewünscht, man könnte vielleicht zwischendurch mal stopp sagen und hätte selber eine Chance, den Lauf der Dinge zu bestimmen. Es war erregend, aber seltsam, ohne Zuneigung, nicht wie in der Fantasie mit Jean la Bête. Ich hab doch meine Jeans noch an, betete ich, während Stefan dabei war, sie aufzumachen, dann ist da auch noch meine Unterhose, dann kann doch nichts passieren, oder? Stefan hatte sich so sehr mit mir verwickelt, dass ich mir nicht mehr sicher war, ob ich es rechtzeitig merken würde, wenn es in richtigen Sex überging, und dann würde ich schwanger oder meine Freundin Monika verletzen, die in Stefan verliebt war. Ich war gar nicht verliebt in ihn.

Ich war in Jan verliebt. Er stand nicht an der Spitze der Beliebtheit bei Mädchen, war aber gutes Mittelfeld und ein Geheimtipp. Er sah schlaksig aus und cool, rauchte lässig und konnte gut formulieren und weltanschaulich diskutieren. Er konnte auch sehr gut küssen. Er ging eine Woche mit mir, dann kam eine Fete, zu der auch Carla eingeladen war, ab dann ging er mit Carla.

Ich verstand nicht, dass so viele Jungs in Carla verliebt waren. Ich hielt es für eine Diffamierung seiner Geschlechtsgenossen, als ein Junge aus meiner Clique mir erklärte: »Die wollen mit Carla knutschen, weil sie so große Brüste hat.« Nein, das war Quatsch, das konnte es nicht sein, meine Freunde waren doch keine Prollis, keine alten Männer in der Kneipe oder Bürgerheads zu Karneval!

Ein paar Wochen später erzählte mir Martina, Jan wäre nicht mehr mit Carla zusammen und es täte ihm Leid, dass er mit mir Schluss gemacht hatte; er hätte Martina gefragt, ob sie glaube, dass man eine einmal getroffene Entscheidung revidieren könne.

»Was heißt denn ›revidieren‹?«, fragte ich Martina.

»Rückgängig machen.«

Ich schüttelte den Kopf; ich wollte das nicht mehr und wunderte mich ein bisschen darüber. Aber ich wunderte mich gern über mich.

*

Als ich siebzehn war, lieh mir ein Freund Schallplatten der »Doors«. Ich hörte diese dunkle, fließende, gurgelnde Musik so lang mit Kopfhörern in meinem Zimmer, dass ich mich fühlte, als käme sie aus mir. Ich ging immer mit den Doors herum und suchte sie in allem. Ihre Musik schirmte mich mit ihrer schmerzlichen Emotionalität und ihrer geheimnisvollen, abgründigen Stimmung gegen eine Umgebung ab, die mich mit ihrer Banalität mehr und mehr mickrig und schäbig zu machen drohte. Ich wollte doch, ich spürte, dass das Leben eine große, tiefe Bedeutung hatte.

Ich hatte ja ursprünglich gedacht, nach der Kindheit und dem Teenie-Alter käme eine weitere Steigerung, das Leben würde sich noch mal in großem Stil entfalten. Stattdessen standen die Zeichen jetzt auf Einengung und Anpassung. Die Welt, in die die Erwachsenen uns Jugendliche ziehen wollten, gefiel mir ganz und gar nicht; sie wirkte wie die Hölle, wie der Tod, ehrlich gesagt.

Man sagte mir, ich sähe das zu dramatisch. Man müsse eben Geld verdienen und sich darum in irgendeinen der Betriebe einfügen, ich würde mich an Alltag und Normalität gewöhnen. Etwas schrie in mir die ganze Zeit wie ein Baby oder eine Wahnsinnige. Ich war den Doors und anderen Musikern sehr dankbar, dass sie den Schmerzen Ausdruck gaben und mich nicht alleine damit ließen.

Ich sah die Welt durch ihre dunkle Brille. Was dunkle Brillen manchmal so sexy wirken lässt, ist, dass man darunter ein ganz eigenes, fremdes Tier vermuten kann in seiner Höhle, sehnsüchtig, wild und sexuell.

In Haiti können Frauen Geister heiraten. Manchmal sind diese Unsichtbaren unwirsch und zynisch, doch auf Haiti werden böse Geister nicht verdammt. Sie berühren die Herzen vieler Haitianerinnen mehr als sichtbare Männer, sie gehören ganz zu ihnen und beschützen sie. Manchmal fallen sie in Trance und schlafen mit ihnen. Ich dachte manchmal, ich würde vielleicht verrückt.

Ich hatte schwere, seltsame Träume. In einem war meine Mutter klein, wie etwas, das weit weg war. Ein Mann, der Jim Morrison, dem Sänger der Doors, ähnelte, erstach sie in dem grau gestrichenen Keller meines Elternhauses. »Grau wie ein Messer«, sagte er. Er war auch selber grau, wie diese kleinen Schnecken, die früher am Glas unseres Aquariums zu Hause entlangglitten und ihre runden Mündchen öffneten und schlossen. Ich fand, was er getan hatte, schrecklich, aber ich liebte ihn und ging mit ihm und schlief mit ihm, bis ich mich selber nicht mehr kannte.

*

Von allem, was es an real erreichbaren Möglichkeiten nach der Kindheit gab, kam mir nur die Szene um die Rockmusik herum lebendig genug vor.

Punk und New Wave kamen in Mode; man sah Jugendliche mit Buttons und Badges ihrer Lieblingsmusiker durch den von Erwachsenen kontrollierten Parcours gehen wie unter dem magischen Schutz bedeutender Persönlichkeiten; als Kinder hatten wir unsere Stofftiere aus ähnlichen Gründen mit uns rumgetragen.

»O the passenger. He sees things from under glass. And everything was made for you and me. It just belongs to you and me«, sang Iggy Pop und machte seinen Zuhörern ein bisschen verzweifelten Mut zum Größenwahn. Als wenn einem das gehörte, was man durch eine Sonnenbrille, unter Glas geschützt, betrachten kann! Man kann alles im Fernsehn sehen, aber deshalb noch lange nicht für sich da rausnehmen. Nichts kommt zu dir und wird dein Freund, nur weil du das so willst. Aber es tröstet, sich in eine Vorstellung einzuwickeln. Als hätte man Geister in Flaschen eingesperrt, die einem helfen. Jede Plattensammlung wird in dieser Absicht angelegt. Alkoholvorräte aber auch.

Wir dachten über unsere Stars so nach wie über Freunde, sie erschienen uns sogar im Traum. Dem Unterbewusstsein scheint es ja egal zu sein, ob ihm eine Figur, die es fasziniert, schicksalhaft in Macbeth, einer Popmusiksendung oder in Klein-Merkstein begegnet. Ihm kommt es auf den Mythos an, den jeder, ob er lebt oder erfunden wird, verkörpert.

In dem Live-Club, in dem ich mit Mitte zwanzig an der Theke arbeitete, sah ich beinah jede Woche gute Bands aus aller Welt; die Independent-Szene blühte und ihre Helden kamen bis in unseren kleinen Ort.

Ein langhaariger Junge, den meine Freundin und ich amüsiert bewunderten, warf sich zu »Touch me, I'm sick« von Mudhoney auf den Boden und wälzte sich mit verzücktem Gesicht in den wechselnd bunt beleuchteten Glasscherben und Bierpfützen.

Die Bands kamen und gingen, wir blieben erstmal in Klein-Merkstein. Aber Musiker und Publikum teilten die Zustände, in die die Musik sie mitnahm, aus beengten Verhältnissen in ein abenteuerliches Leben. Dorthin, wo die Musik herkommt. Wo Jean la Bête einmal gelebt hatte, wo Monkey hin verschwunden war. Es ist ein Schnitt zwischen dem Traum vom Leben und dem »Alltag« oder wie immer man das Monster nennen will, ein Schnitt, der lange sehr, sehr wehtat und immer zu beklagen ist.

Sandra Hoffmann

Als ich Pippi Langstrumpf zum ersten Mal in meinem Leben in echt sah

Als ich Pippi Langstrumpf zum ersten Mal in meinem Leben in echt sah, war die Straße verstopft und Marko wollte nach Madagaskar auswandern. Ich hatte rote Augen, der Magen tat mir weh, die Ampel stand auf Rot, mein Kater schrie auf dem Rücksitz, als ginge es um sein Leben, Ina war in Amerika und durch den Rost der Fahrertür konnte ich die frisch geteerte Straße sehen.

Ich habe Marko auf der Straße kennen gelernt. Diese Straße war nicht geteert, sondern mit großen Steinen gepflastert, und sie führte auf den Marktplatz und auf dem Marktplatz stand Joschka Fischer in roten Turnhosen und weißem Laufshirt und der Schweiß rann ihm über den Körper und in der Hand hielt er ein Mikrofon und sagte gerade: »Sechzehn Kilometer durchs Grüne«, und er strahlte und in seinen Gesichtsfalten rannen die Schweißbäche und das Publikum klatschte und jubelte. Nur neben mir stand einer, zog die Stirn in Falten, rauchte und machte kein Geräusch. Das war Marko, aber ich kannte ihn noch nicht. Marko trug Sandalen, wie man sie in Griechenland kaufen kann, Leinenhosen in Hellblau, ein braunes Hemd, und er war groß, aber nicht zu sehr und nicht dünn und nicht dick. Es war Sommer und Joschka Fischer wollte natürlich gewählt werden und die Grünen wollten auch gewählt werden und dafür hungerte Joschka Fischer sich den Speck von den Rippen und aus dem Gesicht und lief mit einem etwas unbedeutenderen Parteimitglied aus unserer Stadt sechzehn Kilometer am Fluss entlang.

Es war also Sommer und ich wollte dorthin, wo die Sandalen herkamen, die der Kerl neben mir trug. Das war alles. Schöne Sandalen, sagte ich zu dem Kerl neben mir und der hatte eine sehr schöne Stimme, mit der er nun sagte: Aus Griechenland, und dabei lösten sich die Falten von seiner Stirn, aber mehr passierte nicht auf seinem Gesicht, nur schön blau waren seine Augen. Ich weiß, sagte ich, worauf er »Na also« sagte und wieder in Richtung Joschka Fischer schaute, dem immer noch der Schweiß lief. Ich fahr da in drei Wochen hin, sagte ich und die schöne Stimme sagte: Ach, echt, und wohin denn dort? Peloponnes, sagte ich. Jetzt leuchteten die blauen Augen ein bisschen und die schöne Stimme sagte: Schön ist es dort.

Und so ging alles weiter. Joschka Fischer hörte langsam auf zu schwitzen. Die schöne Stimme war mehr und mehr zu hören, Joschka Fischers Stimme wurde zu einem Geräusch im Hintergrund, die blauen Augen leuchteten und die Falten kamen nicht mehr auf die Stirn. Irgendwann war Joschka Fischer verschwunden und niemand klatschte mehr und niemand jubelte mehr und der in den Sandalen, die von dort kamen, wo ich hin wollte, hatte einen Namen.

Marko war schon oft in Griechenland: Kreta, Euböa, Thassos, Amorgos, Folegandros, Andros und in Tinos auf Knien die Straße zur Kirche hochgekrochen, damit sein Vater wieder gesund wird. Und schließlich auf dem Peloponnes, überall dort, sagt Marko.

Markos Vater ist nicht wieder gesund geworden.

Marko sitzt auf der Bordsteinkante am Marktplatz und trinkt Bier aus der Flasche, und das machen hier alle so. Ich sitze auch auf der Kante und trinke auch Bier. Im Sommer sitzen alle auf der Bordsteinkante rund um den Marktplatz und anders als bei den Schwalben auf den Telegrafenleitungen ist das kein Zeichen für das Ende des Sommers. Manchmal, wenn alle dort sitzen in einer warmen Nacht im Juni oder im Juli, lässt sich einer etwas einfallen oder mehrere tun das und manchmal läuft dann einer ganz in Ruhe nackt über den Marktplatz, einzig sein bestes Stück ist bekleidet mit einer Art Eierwärmer. Oder zwei kommen auf einem Pferd geritten und verteilen Flugblätter, auf denen steht: *Jesus kommt nicht.* Wenn *Jesus kommt nicht* vom Pferd aus auf den Marktplatz herab auf kleinen Flugblättern verkündet wird, kann man sich sicher sein, dass am nächsten Abend oder in der nächsten Schönwetternacht eine ganze Gruppe von nett anzusehenden jungen Menschen *Jesus live* auf dem T-Shirt trägt und viele Lieder auf dem Marktplatz singt. Wenn der Nackte mit dem geringelten Eierwärmer kommt oder das Pferd, klatschen alle genauso, wie wenn ein Feuerspucker die Nacht erhellt. Wenn die Jesus-live-Singer kommen, passiert gar nichts. Manchmal kommt wegen des geringelten Eierwärmers auch die Polizei.

Am Abend, als Markos Bierflasche zwischen den Sandalen klemmt, die dort herkommen, wo ich hin will, passiert auf dem Markplatz nicht viel, nur ab und zu fährt eine Polizeistreife langsam über den Platz und niemand klatscht und Marko erzählt, dass sein Vater der beste Koch aller Zeiten war, und das mit nur einem Arm. Dass er Koch war, als sehr junger Mann, schon im Krieg, und dass eine Handgranate in einer Feldküche seinen rechten Arm zerfetzt hat, in Stücke gerissen eigentlich, genauer gesagt war er ab. Mehr erzähl ich darüber jetzt besser nicht, sagt Marko, als wir mit den Bierflaschen auf dem Markplatz sitzen und sonst nichts passiert. Überlebt hat er, sagt Marko dann auch noch, mit lauter Splittern im Körper von der Handgranate aus dem Küchenzelt. Und als er fünfundsechzig war, wanderte ein Splitter in die Lunge und einer wanderte Richtung Herz und dann hinein in sein Herz und Marko war gerade zwanzig, als sein Vater starb. Marko erzählt das nicht traurig, sondern ganz entspannt, und als er fertig ist mit Erzählen, lacht er, zeigt in den Nachthimmel und sagt: Jetzt sieht er uns zu und ich glaube, du gefällst ihm.

So fing alles an. In der Nacht sang Leonard Cohen *Suzanne*, immer und immer wieder tat er das und auf dem Pflaster vor dem Fenster von Markos Zimmer klangen Damen in Pumps wie Pferde. Ich schlief nicht und Marko schlief auch nicht, und als es dämmerte, hatten die Tauben vor dem Badezimmerfenster Sex. Als es hell geworden war, zersprangen auf dem Hof des Supermarkts nebenan Flaschen und Marko lag auf dem Bauch neben mir und wickelte mein Haar um seinen Finger. Wir sprachen nicht und hatten die ganze Nacht kaum gesprochen, nur mit den Fingern gegenseitig Zeichen auf die Haut gemalt und manchmal gelacht.

Markos Bett schwebte im Raum, ungefähr eineinhalb Meter über dem Boden, und wenn man es verlassen wollte, kam man entweder mit einem Sprung aufs Parkett oder man konnte über die Sprossen einer blauen Leiter hinabsteigen. Ich sprang in der Nacht dreimal. Einmal zum Pinkeln, einmal, weil ich aus dem Fenster schauen wollte, und einmal zur Ernüchterung. Über Markos Schwebebett hing der Sternenhimmel und leuchtete weniger neongelb, als man vermuten könnte. So ging alles weiter.

Am Tag, bevor Marko nach Madagaskar fuhr, hatten wir schon mindestens dreihundert Nächte miteinander verbracht, schlaflose heitere und schlaflose traurige, aufregende und sehr trockene, Nächte im Tiefschlaf, Nächte, in denen unsere Körper wie Löffel ineinander lagen, Nächte mit einem Bein über dem Bein des andern, Nächte mit den Nasen aneinander, Nächte, in denen der Vollmond ins Bett schien und störte, Nächte im Zelt, am Strand und auf der Kuhweide, Nächte im Auto, neben dem Auto, Nächte bei Mama, bei Freunden, bei Fremden: keine Nacht im Hotel.

An diesem Tag rannte ich mit Marko durch die Stadt, um Besorgungen zu machen: Moskitonetz für Madagaskar, Pflaster für Madagaskar, Wasserflasche für Madagaskar, Spezialbenzinkocher für Madagaskar. Ich weinte. Mir liefen die Tränen auf der Straße, die Tränen in der Apotheke, die Tränen beim Expeditionsausrüster.

Vielleicht kannst du mich ja bald besuchen, sagte Marko.

Ich schneide mit Markos ganz neuem großen Opinelmesser ein Stück Putenfleisch auf einem kleinen alten Holzbrettchen in feine Scheiben und lege sie auf einen Aluteller. Dann schaue ich Marko zu, wie er eine Zucchini in kleine Würfelchen hackt, eine Stück Ingwer in noch kleinere Würfelchen hackt, eine Knoblauchzehe in die allerkleinsten Würfelchen hackt. Marko nimmt nur ein Opinelmesser mit nach Madagaskar. Er nimmt zwei Gabeln mit nach Madagaskar, nimmt zwei Löffel mit nach Madagaskar und nimmt zwei kleine Weingläschen mit nach Madagaskar. Falls mal jemand mit mir isst, sagt Marko. Ich schaue zu, wie er eine Kokosnuss auf einen großen Stein donnert und wie die Kokosnuss einen Sprung bekommt und wie Marko die Kokosnuss ganz sanft an diesem Riss entlang auf den Stein klopft und wie der Riss langsam länger wird. Ich schaue zu, wie Marko die Kokosnuss über einem kleinen Alubecher aufbricht und wie der Saft in den Alubecher hineinläuft, und ich höre, wie Marko sagt: Trink. Ich halte den Alubecher zwischen meinen Händen, schnuppere in den Becher, der wenig nach Alu riecht und viel mehr nach dem süßlichen aufdringlichen Geruch von Kokos, und ich vermute, dass so Madagaskar riecht, und wieder laufen mir die Tränen über die Wangen und das salzige klare Wasser vermischt sich in meinem Mund mit dem süßen nicht so klaren Kokosnusssaft und Marko sagt: Nicht weinen. Marko schält das Kokosnussfleisch aus der harten Schale und hackt auch davon einen Teil mit seinem ganz neuen Opinelmesser in sehr feine Stückchen.

Der neue Benzinkocher steht zwischen Steinen mitten auf der Wiese, und als es endlich Grund gibt, ihn anzumachen, leuchten Markos Augen und er sagt: So. Eine stabile kleine Flamme kommt aus dem nicht so stabil aussehenden kleinen Benzinkocher. Dem kleinsten und leichtesten Benzinkocher der Welt, sagt Marko und er stellt eine Art Alupfanne darauf und gibt Öl hinein. Aus einem kleinen Filmdöschen streut er etwas Curry hinein, dieses Curry ist zum Beispiel auch aus Madagaskar, sagt er, gibt den Ingwer dazu und dann das Fleisch, die Zucchini und alles andere außer der Kokosnuss auch.

Wir sitzen auf einer Wiese am Stadtrand und neben uns steht Markos gepackte Expeditionsausrüstung. Der Rucksack, fertig gepackt, wiegt nur vierzehn Komma acht Kilogramm, sagt Marko, man braucht nicht viel in Madagaskar, sagt er.

Wir sind von Markos Wohnung aus mit Markos Rucksack einmal quer durch die Stadt gelaufen.

Ein Testlauf, sagte Marko, schauen, wie das ist mit dem Rucksack, sagte er und strahlte. Marko trug die hellblauen Lieblingshosen und anstelle der Sandalen aus Griechenland, die von dort kommen, wo ich inzwischen auch war, trug er neue besonders leichte Wanderschuhe und auf seinem Rücken hingen die vierzehn Komma acht Kilogramm, in blaues Cordura gepackt. Marko ging aufrecht, wippte in den Knien, sagte, dass sich das gut trage, dass man so wohl unendlich weit laufen könne, dass zur Not auch noch etwas reinpasse, dass er das kleine Zelt nun doch mitnehme, ist ja nun schon drin, sagte er. Marko sah schön aus. Marko leuchtete, legte mir den Arm um die Schulter, sagte, nach deinen Prüfungen kannst du mich ja besuchen kommen, das wird bestimmt schön, nach deinen Prüfungen hast du es dir wirklich verdient. Dann kommst du, sagte er, und wir schlafen am Meer, am Strand, ich kenn mich dann schon aus, ich zeig dir dann alles, was schön ist, sagte er. Ich ging aufrecht in Markos Arm, in der rechten Hand die Tüte mit dem Fleisch, dem Gemüse, der Kokosnuss und dem Weißwein. Den linken Arm ganz dicht an Markos Körper gepresst und die Augen auf das Pflaster der Straße geheftet. Tränen quollen mir heraus, ich sagte: Ja, vielleicht komm ich dann. Nicht weinen, sagte Marko, was ist schon ein halbes Jahr, Zeit ist nicht wichtig, sagte Marko.

Markos Putengericht liegt gelb und dampfend auf den Tellern und Marko gibt mir einen der beiden Löffel und schenkt Weißwein in die Gläschen und stößt mit mir über die Teller hinweg an und sagt: Salute. Salute, sage ich und atme Wein ein und rieche nichts, weil meine Nase so verrotzt ist, und ich nehme einen ganzen Mund voll Wein, bewege ihn durch meinen Mund und schmecke Aprikose und Mango und Kiwi und Süßes und Saures zugleich und denke, dass so auf keinen Fall Madagaskar schmeckt. Gut?, fragt Marko und ich sage: Ja, sehr. Der wird mir fehlen in Madagaskar, der Wein, sagt Marko. Ja, sage ich. Guten Appetit, sagt Marko. Ja, sage ich. Marko sitzt im Schneidersitz in der abgemähten vertrockneten Herbstwiese, hält seinen Aluteller so elegant wie ein chinesisches Schälchen, schiebt sich löffelweise Putengericht mit dem madegassischen Curry in den Mund und seine Augen leuchten. Das Putengericht schmeckt scharf und süß zugleich und macht warm im Gesicht.

Ich möchte heute Nacht alleine schlafen, sagt Marko, ich möchte mich von allem verabschieden, sagt Marko. Ich möchte noch einmal alleine auf meinem Bett liegen, den Sternenhimmel anschauen, die Menschen vor dem Fenster hören, schreiben möchte ich, mich verabschieden, weißt du, sagt Marko, mich einfach verabschieden.

Zwischen uns steht der sensationelle kleine Benzinkocher, zwischen uns liegen Steine, zwischen uns besteht eine Entfernung von ungefähr einem Meter vertrockneter Herbstwiese, zwischen uns ist die Luft dick vom madegassischen Curry und duftig vom deutschen Weißburgunder und was weiß ich. Ich weiß nichts, sage ich zu Marko, ich will mich nicht von dir verabschieden, sage ich, ich will nicht alleine schlafen heute Nacht, sage ich, ich will noch einmal mit dir, sage ich, als Marko mich unterbricht und sagt, das kommt doch wieder, Madagaskar ist nicht aus der Welt, du kannst doch jederzeit kommen, wenn du dein Abitur fertig hast. Süße, sagt Marko, sei nicht so traurig, Süße, sagt er, wir sehen uns doch morgen noch einmal, du bringst mich doch noch zum Flughafen, sagt Marko.

Meine Abiturprüfung ist in einem halben Jahr. Meine beste Freundin heißt Ina und hat schon Abitur. Mein Vater ist schon zum vierten Mal verheiratet. Mein Vater sagt, man verliebt sich immer wieder. Mein Vater wird sich bald zum vierten Mal scheiden lassen.

In der Nacht, bevor Marko nach Madagaskar auswandern wollte, habe ich nicht geschlafen. Ich habe auf meinem Bett gelegen, die Wand angeschaut, Marko auf dem Foto angeschaut, Marko, wie er an einem Baum hängt, keinen Klimmzug versucht, aber mit den Beinen Bewegungen macht wie beim Radfahren. Marko, dessen Arme unendlich lang aussehen auf diesem Foto, Marko, dessen Sommerbauch braun unter dem hellen Hemd hervorschaut, Markos lachendes Gesicht. Ich bin aufgestanden, habe mein Gesicht im Spiegel angeschaut, mein rot geweintes Gesicht mit rot geweinten Augen. Ich habe mein Gesicht gefragt, ob das alles auch wirklich zum Heulen ist, ob er es wert ist, dieser beschissene Kerl, was ich denn tun soll? Ob ich noch irgendetwas tun kann, damit er bleibt, habe ich mein Gesicht im Spiegel gefragt, aber mein Gesicht im Spiegel hat nur sehr müde den Mund verzogen und die Augen fingen wieder an zu tränen. Mein nasses Gesicht vor dem Spiegel hat gesagt, dass ich ganz schön hässlich bin heute Nacht, so will dich keiner, hat mein nasses Gesicht im Spiegel gesagt. Ich habe mich abgewandt, mich auf den Klodeckel gesetzt, geheult, meine dünnen Beine, die unter einem von Markos weißen T-Shirts herausschauten, nass geweint beim Aufstützen auf den Knien, habe gefroren, mich wieder ins Bett gelegt, einen Brief an Marko begonnen, den Brief zerrissen, Leonard Cohen aufgelegt, *Suzanne* gehört, die Musik wieder ausgemacht, Licht angemacht und endlich die getrockneten Rosen aus der alten Blechkanne auf dem Schreibtisch herausgezogen, ihnen die getrockneten Köpfe zwischen den Fingern zerbröselt, einen Rosenkopf nach dem anderen zwischen den Fingern zermahlen, zwischen den Handflächen zerrieben, einunddreißig Rosen, rote, gelbe, weiße, rosafarbene und orangefarbene, kurzstielige und langstielige, allen habe ich die Stiele abgeknickt, ab. Mit der Haushaltsschere aus meinem Schreibtisch habe ich die Stiele klein geschnitten, immer kleiner, ich habe an scheußliche rote Schnecken im Garten gedacht, an meinen Vater gedacht, wie er am Abend mit genau derselben Hauhaltsschere durch den Garten geht und verzückt die Schnecken zerschneidet, wie er ekelhaft sagt, e-kel-haft, sagt er, bei jeder

Schnecke e-kel-haft. Als die Rosen zerbröselt, zerrieben, zermahlen, nahezu zerstäubt waren, habe ich sie weggewischt, mit der Hand mit einer sehr gelassenen Bewegung in meinen Mülleimer gewischt, eine angegraute Trockenblumenmischung hineingewischt in eine Mischung aus Papier und durchnässten Taschentüchern, Zigaretten- und Tabak- und Kondom- und Schokoriegelverpackungen, den kaputten schwarzen Schnürsenkel begraben, den Staub von unterm Schreibtisch begraben und die Zigarettenkippen, alles begraben. Ich habe den Kopf danach nicht auf den Schreibtisch gelegt und auch nicht mehr geheult.

Die Ampel steht auf Rot, mein Auto ist von Mama und hat keinen Katalysator, mein Auto stinkt an der Ampel. Die Ampel steht lange auf Rot, zu lange auf Rot, mein Auto säuft manchmal an der Ampel ab. Es ist frühmorgens, mein Auto stottert, mein Auto stinkt unglaublich nach Benzin. Es gehen Fußgänger über die Ampel, die schauen alle auf mein Auto, sie schauen alle in mein Auto. Mein Kater sitzt auf dem Rücksitz. Mein Kater läuft nie durchs Auto. Mein Kater sitzt während der Fahrt auf dem Rücksitz zusammengekauert und schreit. Wegen der durchgerosteten Tür kann man ihn draußen bestimmt hören. Um diese Uhrzeit gehen nur Krankenschwestern und Krankenpfleger und Psychiater und Psychiaterinnen und ihre Sekretärinnen über diese Ampel, keine Patienten, sage ich zu meinem Kater, wenn du nicht still bist, musst du dort hin, sage ich zu meinem Kater. Mein Kater hat keine Angst vor der Psychiatrie. Mein Auto säuft ab. Hinter mir hupt einer. Hinter mir hupen zwei. Idioten, brülle ich. Ich muss zu Marko, denke ich. Irgendwie muss ich zu Marko kommen, denke ich. Bitte, flehe ich. Ich drehe den Schlüssel im Zündschloss, mein Auto stottert. Ich habe den Führerschein seit sieben Monaten. Mein Auto stottert, springt an und macht einen kurzen schönen Ton, dann säuft es wieder ab. Mein Auto springt nicht mehr an. Jemand klopft an meine Scheibe, es ist ein kleiner dünner Mann mit langen Haaren, Gang raus, brüllt er. Ich schalte in den Leerlauf. Mein Auto wird gerollt. Nach rechts lenken, brüllt er. Mein Auto rollt nach rechts. Mein Auto steht neben dem Kino. *I hired a contract killer* steht auf dem Plakat. Meine Uhr sagt, dass Marko in drei Stunden fliegt. Der Kater ist still, seit der Motor still ist. Ich drücke den Choke rein. Ich drehe den Zündschlüssel im Schloss, lasse die Kupplung langsam kommen, das Auto macht einen kleinen Ton und geht wieder aus. Es klopft wieder am Fenster. Ich sehe Sommersprossen in der Scheibe, ich sehe sehr blitzende Augen in der Scheibe, jemand winkt in die Scheibe. Ich sehe gescheiteltes rotes Haar in der Scheibe. Ich sehe sehr rote abstehende Haarschwänze über kleinen Ohren in der Scheibe neben sehr vielen Sommersprossen. Ich sehe einen roten Mund in der Scheibe, ich sehe ein orangefarbenes T-Shirt unter einem grünen Latz in der Scheibe. Ich sehe eine kleine, fast runde Brille über den sehr schönen Sommersprossen über den sehr blitzenden lachenden Augen in der Scheibe. Ich mache das Knöpfchen der Beifahrertür hoch. Als die Tür offen ist, setzt sich eine geringelte Strumpfhose neben mich. Sie schaut unter einem grünen Latzrock hervor. In der Strumpfhose stecken dünne Beine. Im Rock steckt ein etwa zwanzig Jahre alter Frauenkörper. Kann ich dir helfen?, fragt der Mund im unglaublich gut durchbluteten Sommersprossengesicht. Ich starre in lauter Sommersprossen und in die blitzenden Augen. Ich sage nichts, ich bin sprachlos, ich bin in Eile, Marko wartet, mein Auto steht neben dem Killerplakat. Neben mir sitzt jemand, den es gar nicht wirklich gibt. Die Brille stört nicht, ich staune, ich überlege, ich frage mich, woher diese Person plötzlich kommt, weil um diese Uhrzeit doch normalerweise nur Krankenschwestern und Ärzte ... Hast du ein Pferd?, frage ich.

Julia Schoch

Mit Mattok im Mais

Ich lache nicht. Sicher, meine Mundwinkel zucken zuweilen und steigen derart nach oben, dass die Zähne hinter den Lippen zum Vorschein kommen. Dann graben sich senkrechte Falten in die Wangen, auch Falten um die Augen wie bei einem gewöhnlichen Anfall von Freude, den man für ein Lachen halten könnte. Doch das vergeht. Dieses täuschende Lachen ist von einer bestimmten Art. Es ähnelt dem, das man in geschlossenen Räumen probiert. In Räumen mit nur einem Fenster, eher einer Luke, in der Tür, durch die sich nur von draußen hereinschauen lässt. Mit dem Gesicht dieser Luke zugewandt, könnte man warten, bis jemand hereinsieht, was durch ein schabendes Geräusch, das Wegziehen der Lukenklappe, angekündigt würde. Und ihn mit diesem Gesicht anschauen. Mit diesem Lächeln.

Ich weiß nicht, ob Mattok so in seiner Zelle gesessen hat.

Aber ich weiß, dass Mattok verändert zurückgekommen ist. Mit einem Gesicht, das nicht ihm gehörte. Als ich ihn wieder traf auf dem Weg zu den Seen im Sperrgebiet, sah Mattok nicht mehr aus, wie er sonst, den Sommer über, ausgesehen hatte. Wochenlang war er verschwunden gewesen. Wochenlang hatte ich auf ihn gewartet. Hatte wie immer auf dem Weg in den Feldern gestanden und auf einen Punkt gewartet, der Mattok sein konnte. Bis dieser Punkt endlich wieder aufgetaucht war. Da hing der Mais aber schon so reif in der Septemberhitze, dass wir alle paar Minuten einem Erntefahrzeug ausweichen mussten.

Wortlos standen wir bei diesem Wiedersehen nach Wochen zwischen den Maispflanzen, die uns überragten und knisterten, ohne dass wir uns bewegten. Unter unseren Füßen knackten abgefallene Kolben und fleischiges Blattzeug. Und dann begann Mattok zu lachen. Statt etwas zu sagen, lachte Mattok bei unserer ersten Begegnung. Aber dieses Lachen, als er mich sah, war ein schiefes. Als hätte man die Teile seines Gesichts erst getrennt und dann nachlässig wieder zusammengesetzt. Ich schaute Mattok an. Und Mattok, mit seinem schiefen Lachen im Gesicht, sah gleich weg. Du siehst aus, sagte ich wie im Scherz und weil dieses Lachen zum Fürchten war, wie ein Mensch, der mit angehobenem Arm vor dem Gesicht durch die Straßen läuft. Als müsste er Schläge abwehren.

Ein Getreideschlepper kam lärmend den Feldweg hinunter. Der Fahrer benutzte schon von weitem das Warnsignal, beugte sich im Vorbeifahren sogar von seinem Sitz in unsere Richtung, obwohl wir sofort über die Bewässerungsfurchen ins Feld getreten waren. Mattok war stumm geblieben bei meinem Satz. So wiederholte ich ihn. Aber anstatt zu nicken, schob Mattok sich nur ein Maisblatt von der Schulter.

Bevor Mattok für seine Reise verschwand, von der er später mit diesem fremden Gesicht zurückkehrte, sahen wir uns beinahe täglich in den Feldern. Dabei traf ich Mattok aber nie, wie man einem Verabredeten begegnet: Er ging durch das Feld zu den Seen, ich nahm den gleichen Weg. Immer war einer von uns schon dort. Und ohne eine Frage nahmen wir uns jedes Mal gegenseitig mit. Wenn es tagelang nicht geregnet hatte, zog der Gestank der Müllhalde westlich der Felder zu uns auf den Weg und wir liefen schneller. Fast jeden Tag gingen wir durch diese stickige Luft, in die sich der Geruch von Weggeworfenem mit dem der Maispflanzen mischte.

Wir gingen nicht wie die anderen aus dem Ort zum Fluss mit den breiten Uferwiesen im Norden der Stadt, sondern zu den Seen im Sperrgebiet, nach Osten. Schon vor den Maisfeldern kündigten Schilder das Grenzgebiet an, das hinter den Kooperativen begann. Wir liefen an ihnen vorbei, als stünde nicht Graniza und Grenze darauf. Allein hatte ich immer gewartet oder war umgekehrt, wenn ich bei ihnen angekommen war. Aber Mattok lief an ihnen vorüber, als hätte er einen Termin im Wald. Ich hielt ihn nicht zurück, sah nur auf seine schnellen Schritte, mit denen er alles missachtete, was für mich ein Gesetz war. Ich folgte ihm, genauso schnell. Als könnte ich meine Entscheidung rückgängig machen, wenn ich mich zu weit von ihm entfernte. Im Wald, der die Seen umschloss, waren die Grenzschilder, jetzt schon mit roten Dreiecken umrandet, von Grünzeug zerwuchert, einzelne Buchstaben nur schauten hinter Blättern und Nadeln heraus, sodass man nach der Warnung beinahe suchen musste.

Den ganzen Sommer über liefen wir, immer erst jeder für sich, dann einer den anderen einholend, über die Feldwege, kilometerweit zu den Seen. Obwohl Mattok ein Motorrad besaß, das unter einer grauen Plane vor dem Hausaufgang stand, ging er zu Fuß durch die Felder. Er blieb stehen, wenn er sah, dass ich hinter dem Elektrizitätswerk die Landstraße verließ und in den Genossenschaftsweg einbog. Lief ich vor ihm, pfiff er kurz, und ich blieb stehen. Bis in den hitzigen Herbst hinein liefen wir den Weg.

Mattok blieb gleich: sagte mal was über Landwirtschaftsfahrzeuge und Farben im Mais, redete auch über Kompositionen in der Natur, ließ mich Entfernungen schätzen, mit dem Finger die Höhe von Bäumen bestimmen.

Die Seen waren verschieden. Zwar fehlte beiden ein Uferstreifen. Aber während man im Birkhorst minutenlang in Richtung Seemitte laufen konnte, ohne dass das Wasser einem bis zur Hüfte stieg, war der Bärenkamp tief und eisig. Im Bärenkamp verschwand nicht nur ich, sondern auch Mattok mit dem ersten Schritt unter der Oberfläche des Sees wie in einer Fallgrube. Wir gingen immer zum Bärenkamp. Auch standen die Bäume hier dichter, ließen kaum Licht aufs Wasser und uns. Niemand sah, wie wir zwischen den Stämmen dicht am Rand hockten und in den schwarzen

See blickten. Wie ein angelaufener Spiegel, sagte Mattok mit zufriedener Stimme.

Mattok legte sich immer auf den nadligen Waldboden. Noch bevor wir den See ganz erreichten, hatte er das Hemd schon unaufgeknöpft aus der Hose und über den Kopf gezogen und sich auf den Boden geworfen. Das Hemd noch in der einen Hand, wühlte er mit der anderen schon in den trockenen Waldresten um ihn herum. Ließ sich Kienzapfen und andere Hölzer in den nackten Rücken drücken, ohne ein Wort. Ich hockte daneben und schaute zu, wie sich seine Lippen zusammenpressten und mich jedes Mal anlächelten, wenn er wieder aufgestanden war. Als sei ihm eine Aufgabe gelungen.

Obwohl es heiß war, sprangen wir nur selten ins Wasser. Stattdessen warf Mattok bloß alles, was er in der Nähe fand, hinein in den See, hörte auf die verschiedenen Geräusche und besah sich die Muster auf der dunklen Oberfläche, die alles schluckte, was er schmiss. Ich saß dabei. Mattok suchte stundenlang nach kantigen Steinen, alten Kanistern oder Schildern, denen er beim Hineinwerfen aufmerksam nachsah. Oft gab er auch mir eines der gefundenen Teile und schaute, die Hände als Schirm über den Augen, zu, wie ich das Ding mit beiden Armen erst über der Uferkante schwenkte und es dann doch nur wenige Zentimeter von mir entfernt über die Begrenzung ins Wasser fiel. Mattok nickte anerkennend, wenn es ein Geräusch gab, und schob mir noch eine Eisenstange oder andere Teile einer Maschine vor die

Füße, die er schon nach einigen Minuten fand. Und immer dort, wo ich nichts sah.

Mich warf er nie ins Wasser, verdrehte mir auch nicht die Gliedmaßen und stieß mich nicht in Büsche. Er behandelte mich nie so, wie ich es gewohnt war. Wie jeder, der gerade noch Pionier war, sich daran gewöhnt hatte. Und den Älteren aus dem Weg ging.

Nur manchmal griff er nach mir und hielt mich fest am Arm oder den Haaren, als könnte er damit etwas meinen. Als könnte eine bestimmte Zeit so schneller vergehen und er sich mich als jemand anderes vorstellen. Ich wartete nicht darauf, dass er nach mir griff, aber erschrak auch nicht davor. Er musste es von Zeit zu Zeit tun, so wie er auch in den Wald hineinschrie. Nie bewegte sich etwas im Wald bei seinem Schrei, nichts flog auf oder sprang heraus. Wir saßen zwischen den Bäumen in einem leeren, stummen Grenzgebiet.

Einmal schrie er so lange, dass ich mich neben ihn stellte und seinen Namen zu rufen begann. Mattok setzte sich sofort auf den Waldboden und sah mich an. Er wischte sich mehrmals über das Gesicht und wieder über den Boden. Ich sah, wie er etwas sagen wollte, aber er hustete nur und drückte sein Handgelenk in die Nadeln.

Dann, nach Minuten, fragte er, nun schon leiser, was ich hier wolle. Später. In diesem Land. Und wenn wie. Wie ich es aushalten könnte. Ob ich es nicht zum Ersticken fände.

Er blickte an mir vorbei in den Wald.

Zum Ersticken?, fragte ich.

Er sah mich nicht an, malte nur Muster zwischen die Nadeln, die er gleich wieder zerstörte, indem er mit einem Stock darüber wischte, und hätte lieber selbst geantwortet auf die Fragen. Ich ließ ihn.

Er habe, so Mattok, sich für nichts entschieden in diesem Herbst. Außer einer Reise würde er nichts unternehmen. Er wolle abwarten, was passierte, wenn man in diesem Land nichts unternahm. Er werde, jetzt, da er seinen Schulabschluss in der Tasche habe, sich nicht ausbilden lassen, für niemanden Dienst tun, gar nichts tun. Unwillig schmiss er den Stock in den See.

Mattok, sagte ich.

Wir schwiegen. Ich hatte nicht gewagt, mich zu rühren, als könnte Mattoks Geständnis durch eine Bewegung einen wirklichen Umriss bekommen. Trotzdem begann ich, ein paar Kienzapfen und einen Aluminiumring nach ihm zu werfen. Er sah noch immer weg. Der Wald wurde dunkler, ohne dass es Abend geworden war.

Das ist Verrat, sagte ich endlich wie ein Automat und stand auf.

Mattok lachte ohne Geräusch. Ich drehte mich um und suchte nach einem Weg zurück in die Felder. Als ich Schuhe und Tasche schon durch den Wald von ihm wegtransportierte, möglichst schnell, hörte ich seine Stimme zwischen den Kiefern und dem Gesträuch.

An wem denn?, rief er mir hinterher.

Mit eingerollten Füßen lief ich humpelnd über den vernadelten Boden.

Am Staat, rief ich, so wie ich es gelernt hatte, irgendwohin zurück in den Wald. Jetzt lachte Mattok laut. Ich erschrak so, dass ich zu laufen begann, plötzlich ohne Schmerzen an den Fußsohlen.

Im Mais traf ich Mattok wieder. Die Haare klebten uns an den Schläfen. Kornhülsen flogen über das stickige Feld. Als ein Konvoi Mähdrescher an uns vorüberfuhr und zu den Getreideanlagen einbog, legte mir Mattok noch im Lärm der Fahrzeuge seine trockene Hand auf den Mund. Ich verstand, nickte und schob sie wieder herunter. Trotzdem blieb ich hinter ihm, während wir in den Ort zurückliefen. Bis zum Elektrizitätswerk drehte Mattok sich nicht nach mir um. Wenn ich einen abgeknickten Stängel auf dem Weg erwischte, zertrat ich ihn. So lief ich hinter ihm her: alle paar Meter ein Stück Pflanze unter den Schuhen, das mit einem Knacken zerprang.

Später, als Mattok von seiner Reise zurückgekehrt war, verbot er mir plötzlich, abgefallene, weil nun schon überreife Maiskolben zu zertreten, da ihn das Geräusch mit einem Mal an das Zertreten eines Gehirns, vor allem seines Gehirns, erinnerte.

Er griff auch nicht mehr nach mir, lief nur noch mit einem Gesicht herum, als hielte er dauernd seinen angewinkelten Arm wie zum Schutz davor. So weit weg von mir blieb er, dass ich nicht einmal zum Spaß hätte ausweichen können. Früher hatte ich mich zuweilen zur Seite gerollt, wenn Mattoks Hand nach mir greifen wollte. Wenn er mein Haar gefasst hatte, hatte ich es sofort wieder zwischen seinen Fingern herausgezogen. Einmal hatte er mir mit der flachen Hand übers Gesicht gestrichen, wie man einem Toten die Augen schließt. Aber ich hatte die Augen offen behalten und ihn angesehen, als die Hand schon wieder neben uns auf dem Boden lag.

Mattok, wie angekündigt, verschwand.

Und während ich lustlos, weil ohne Mattok, am Fluss lag, landete Mattoks Maschine irgendwo zwischen tschechischen Hopfenfeldern not. Hätte Mattok nicht dieses neue Gesicht gehabt, hinter dem er nicht mehr zu erkennen war, ich hätte ihm nicht geglaubt. Denn genau wie sein altes verschwand, blieb die Entführung des Flugzeugs von Anfang an verborgen. Kein Bildschirm, kein Foto sagte etwas darüber, kein Satz, nicht eine Andeutung fiel, die Mattoks Reden zu einem Tatsachenbericht hätten machen können. Nur Mattoks zwinkerndes zuckendes Gesicht erzählte davon. Und irgendwann auch seine Stimme.

Mattok blieb länger fort als vorgesehen. An einem Abend, ich lief den anderen hinterher vom Flussufer in den Ort zurück, ging Mattoks Mutter als dunkler Punkt am anderen Ende der Hauptstraße. Sie war mit Einkaufsnetzen links und rechts beladen, sah beim Gehen auf den Bürgersteig vor sich hin und wollte schon an mir vorbei, als ich sie anhielt. Da sie mich nicht kannte, erklärte ich, Mattok habe Patenschaften übernommen, auch für mich, schon im Frühjahr sei er gewählt worden für die Ausbildung der Jüngeren. Mattoks Mutter beugte sich vor, stellte die mit Bierflaschen gefüllten Netze ab, ohne aber die Henkel loszulassen, und überlegte. Mattok habe ihr von dieser Verpflichtung nichts erzählt, sagte sie und hob die Netze wieder an. Ich sagte irgendwas, fragte endlich nach seinem Aufenthalt. Schon im Weitergehen nannte Mattoks Mutter den Namen der Stadt, den auch Mattok mir genannt hatte. Nicht mehr.

Die Hauptstraße hatte sich inzwischen geleert. Die Badenden mit ihren Taschen und zusammengefalteten Luftmatratzen waren verschwunden. Nur Mattoks Mutter, der die Netzhenkel in die Hände schnitten, und ich liefen noch zwischen den Häusern. Schweigend ging sie nach Hause, ich folgte ihrem langsamen Gang. Erst als ich in ihren durchgebogenen Rücken nach Mattoks Rückreise fragte, wandte die Mutter sich plötzlich um und sah mich mit bleichem Gesicht an.

Sie beugte sich wieder vor, stellte die Netze noch einmal ab. Aber diesmal schüttelte es sie so sehr dabei, dass die Flaschen scheppernd übereinander fielen. Als sie sich wieder aufrichtete, kratzte sie sich über die Wangen. Sie wisse nichts, sagte sie, ohne die Lippen zu bewegen, schüttelte sich noch immer und blickte durch mich hindurch. Während Mattoks Mutter von unbekannter Hand geschüttelt wurde, sagte sie, dass Mattok von jeder Passagierliste verschwunden sei, es keine Nachricht gäbe, obwohl sie jeden Tag nachsähe in den Listen und aus der Woche zehn Tage, inzwischen vierzehn geworden seien, ohne dass Mattok in einem Flugzeug registriert worden war. Ich stellte die

Flaschen in den Netzen wieder auf. Über mir wiederholte Mattoks Mutter ihre Sätze. Sie redete auch noch, als ich ihr die Netze bis zum Hausaufgang tragen half, wo sie plötzlich still wurde. Sie ging in den Hausflur, ich blieb in der Tür stehen. Auf dem ersten Treppenabsatz drehte sie sich um, hob die Hand mit dem Flaschengewicht daran zu ihrem Mund und legte den Zeigefinger über ihre Lippen. Ohne eine Reaktion abzuwarten, ging sie hinauf.

Dass Mattok nicht aus einem Urlaub kam, sah ich schon, als seine Gestalt noch klein zwischen den Maisfeldern stand. Ich hielt ihn zuerst für einen der Alten, die oft mit kleinen Handwagen zur Müllkippe liefen und zu jeder Jahreszeit Wattejacken trugen. Aber dann erkannte ich seine Kleidung, in der sein Körper steckte wie ein altes müdes Kind. Als ich ihn erreichte, ging er grinsend nah einen Kreis um mich herum. Dann schüttelte er sich, als wolle er lachen, blieb aber stumm. Alles in seinem Gesicht war müde.

Langsamer als üblich bewegten wir uns an diesem Tag in Richtung Sperrgebiet, das noch gut einen Kilometer entfernt lag. Es war nicht zu überhören, dass Mattok schwieg, wie er es sonst nie getan hatte. Auch wenn Mattok in den Wochen, in denen wir ins Sperrgebiet gegangen waren, gelegentlich nichts gesagt hatte, war es doch kein Schweigen gewesen, das dann zwischen uns gelegen hatte. Ich ging ein Stück voraus, hinter mir Mattok mit seinem müden Gesicht, als er sich plötzlich vom Weg ab nach rechts wandte. Ohne mich anzusehen. Und in das Maisfeld lief. Ich, auf dem Weg, sah, wie er die Pflanzen zur Seite trat, mit den Händen hineingriff und sich, den Arm als Machete benutzend, durchs Feld bewegte. Ich begriff, dass er nicht vorhatte, wieder herauszukommen, und folgte ihm. Aber Mattok war schnell. Ich verlor seine Spur in dem Pflanzengewirr, wechselte ein paar Mal die Richtung, kam schließlich auf der anderen Seite des Feldes heraus, wo sich die Müllkippe befand. Mattok saß nicht weit von mir am Rand auf einem umgedrehten Kohlebehälter und wartete auf mein Eintreffen. Möwen, die vom Grenzhaff herüberkamen, flogen weiter oben um ein mit Fetzen behangenes Fahrradgestell. Ich lief auf ihn zu, wollte ihn greifen irgendwo, aber Mattok drehte sich weg. Nein: Er bewegte sich überhaupt nicht, nur alles hinter seinen Augen hatte sich weggedreht.

Wir gingen nie mehr bis zu den Seen, sondern bogen immer schon vorher ab. Mattok, nach seiner Rückkehr, kam zwar zum Weg, lief auch ein Stück, rannte dann aber jedes Mal quer durchs Maisfeld bis zur Müllkippe auf der anderen Seite. Ich folgte ihm, ließ mir von den Maispflanzen, die hinter ihm zurückschnellten, ins Gesicht schlagen und schaute zu, wie er später in den Schmutzbergen herumzusuchen begann, einzelne Teile herauszog, die er sich besah, als handelte es sich um kostbare Antiquitäten.

In den ersten Tagen redete Mattok nicht. Bis auf

wenige Wörter, die sich aber immer auf das bezogen, was gerade um uns herum war, blieb er stumm. Abgesehen von einem ständigen Räuspern und Scharren der Füße verlor er keinen Ton über seinen Aufenthalt am, wie ich da noch dachte, Balaton. Auch nicht, wie ich später erfuhr, über die Grenzstadt, in die man ihn nach der Notlandung gebracht hatte. Nur die Namen für die Dinge um uns herum wiederholte er. Das, was er fand und herauszog aus dem Berg, hielt er mir hin und sagte, was es mal gewesen sein könnte. Ich nahm nichts davon in die Hand, sah nur zu, wie Mattok sich mit einem unbekannten Interesse plötzlich dem Müll widmete. In den ersten Tagen versuchte ich ihn mit beiläufig gestellten Fragen zum Reden zu bringen. Unmöglich: Er räusperte sich nur und streckte seine Hand schon wieder nach einer abgebrochenen Stuhllehne oder einem angeschmorten Kabel aus. Nicht dass er mich nicht verstanden hätte, er nickte sogar, um zu zeigen, dass er mein Nachfragen begreiflich fand. Aber nicht mehr.

Erst Tage später und nur, weil er vom Suchen und dem Geruch um uns herum erschöpft war, begann er zu erzählen. Wie man es ihm verboten hatte, verbat er jetzt mir, die Augen zu schließen, mir die Hände auf die Ohren zu drücken. Während er sprach, sah er mich nicht an. Er redete nicht zu mir. Ich hörte nur wie zufällig seine Reden, die er zerhackt und leise der Umgebung vortrug.

Mattok hatte im Flugzeug in der letzten Reihe gesessen, andere Plätze waren von seiner Mutter nicht zu besorgen gewesen. Er hatte lange gewartet auf die Reise, sprang jemand ab, konnte in der letzten Reihe jemand platziert werden. Seine Mutter, die Flüge und Reisen zuteilte im Ort, hatte ihn hineingeschoben auf den leeren Platz, als Mattok nicht aufgehört hatte zu drängen. Was sonst nur Ausgezeichnete oder Pensionierte bekamen, eine Fahrt oder Ausflüge ans internationale Meer: Mattok hatte es jetzt schon bekommen. Und während ich ihn mir vorgestellt hatte zwischen Mais in großer Hitze am ungarischen Plattensee, war er gleich nach der Notlandung der Maschine zurückgebracht worden. Noch im Sitzen habe er die Hunde und Uniformen begriffen, sagte Mattok. Das Flugzeug, das auf einem winzigen Betonfeld nahe den Speicheranlagen einer Genossenschaft landen musste, wurde sofort von Posten umstellt. Man habe, so Mattok, auf der Suche nach einem Unbekannten zuerst ein paar Männer herausgeholt, darunter ihn. Dass jemand mit dem Flugzeug weiter hatte fliegen wollen als für die Reise vorgesehen, vor allem weiter und in eine andere Richtung als überhaupt vorstellbar und erlaubt, habe er aber erst erfahren, als man ihn danach fragte. Er habe bei dieser Idee allerdings lächeln müssen, so Mattok. Und wegen dieses Lächelns haben sie ihn sofort aussortiert. Und mitgenommen. Und dabehalten.

Sie hatten Tage gebraucht, um dem verdächtigen Mattok das Lächeln aus dem Gesicht zu treiben.

Zuerst hatten sie Mattok laufen lassen, hatten die Zellentür weit aufgesperrt und ihm fünfzig

Sekunden Vorsprung gegeben. Hatten ihn freundlich gebeten, doch zu gehen, einfach den Raum zu verlassen, ja, durch diese Tür hier, die sonst verschlossen, aber nun harmlos wie eine Zimmertür geöffnet war, und, als Mattok sich nicht rührte, Zigaretten angeboten, waren ohne Schlips hereingekommen und hatten ihn am Arm gefasst, wie wenn man einen Freund zu etwas überreden will. Waren später mit einem Schlagring gekommen, den sie aber nur vor ihn auf den Tisch, das einzige Möbelstück in dem winzigen Raum, gelegt hatten, nur mit den Augen darauf deutend, sonst lächelnd, hatten, als Mattok noch immer stumm und eingewickelt – wie sie es nannten – blieb, ihn den Ring auch befühlen lassen, wie man einen Verurteilten den ungeladenen Revolver testen lässt, noch ein Seil, einen Stock und so weiter dazugelegt. Von den Geschichten, die man ihm erzählte, den Dingen vor allem, die Mattok selbst eine Stunde zuvor gesagt haben sollte, hatte er immer häufiger zu zwinkern begonnen, zuerst waren ihm die Lider zugefallen, später dann nicht mehr, da hatte statt der Lider die Haut zu zucken angefangen, an jeder Stelle. Wenn das Zucken so stark wurde, dass er sich an die Wand lehnen musste, hatte man ihm das Anlehnen verboten.

Mattok, unterbrach ich ihn irgendwann. Und sah in sein schiefes Gesicht, das unter dem Reden genauso zu zucken begonnen hatte wie dort in dem Raum.

Hinter dem Feld hörte man Lastwagen fahren,

der Staub drang bis zu uns herüber. Krähen zerrissen in der Nähe einen Sack.

Nein, Mattok.

Das war nicht hier. Das war woanders. Das waren nicht diese Leute hier. Das waren andere. Das war nicht diese Sprache, sondern sie hatten sie nur gelernt, damit du dachtest, du wärst in diesem Land. Aber das warst du nicht. Auch die Uniformen, die sie trugen, waren nur geborgt. Nichts, was sie sagten oder taten, hatte etwas mit dem Land hier zu tun. Nichts davon stimmte. Das schrie ich Mattok nach seinem Bericht zu.

Mattok lachte nicht über meine Sätze, aber er bestätigte sie auch nicht. Ich schrie, was ich wollte, Mattok hörte zu, wandte sich wieder dem Müll auf dem Berg zu, als suche er einen bestimmten Gegenstand. Seine Augen, die nicht wieder stillstanden, wanderten über die Tüten, Klumpen, Fetzen, die herausragten aus dem riesigen Haufen Müll. Halbherzig warf er eine Konservendose nach einer Möwe, die kurz aufsprang und sich gleich darauf an derselben Stelle niederließ. Mattok sah mich nicht an, machte keine Versuche, nach mir zu greifen, jagte mich nicht einmal davon, ließ mich herumstehen in der flachen stinkenden Natur und ging seiner Sucharbeit nach.

Ich wartete. Mattok bückte sich nach einem Stück Gips. Ich schüttelte den Kopf, ging nah auf ihn zu. Er ließ das Gipsstück fallen, als ich meinen Arm nach ihm ausstreckte. Ich fasste ihn nicht an, hielt nur meine Hand gegen sein Gesicht. Als er sich nicht rührte, begann ich zurückzulaufen, weg von Mattok auf der Kippe, und wollte schon durchs Feld. Da setzte sich Mattok auf den Kohlebehälter und schlug sich mit seiner Faust gegen den Hals. Ich kehrte um und sah ihn an.

Lügner, sagte ich.

Mattok schüttelte den Kopf. Ich sah, wie er mich um irgendetwas bitten wollte, aber er konnte nur auf eine Krähe zeigen, der ein Bein fehlte.

So warteten wir voreinander.

Mattok noch immer auf dem umgekippten Kohlebehälter. Die Arme links und rechts hingen ihm herab. Ich, ein paar Meter neben ihm, sah ihn an, aber er blickte woandershin, ohne wirklich etwas zu sehen.

Mattok, schrie ich. Nimm endlich deinen Arm runter, ich kann dich nicht mehr erkennen. Mattok zuckte zusammen bei dem Ruf, drehte sogar den Kopf zu mir, aber ohne den unsichtbaren Arm herunterzunehmen. Ich schrie, er solle mich anschauen. Als er sich nicht zu bewegen versuchte, nahm ich eine Konservendose vom Boden und warf sie in seine Richtung. Sie flog so nah an seinem Kopf vorbei, dass der aufgebogene Deckel der rostigen Dose in sein Ohr schnitt. Mattok blieb wortlos sitzen. Auch noch, als ich einen Metallgriff, ein Scharnier, einen verbogenen Schraubenzieher und ein Stück Fahrradschlauch nach ihm warf. Ich traf nicht immer. Aber ob die verbogenen Reste und Dinge, die ich Mattok ins Gesicht zu werfen versuchte, seine Ohren und Wangen streiften, war egal. Er blieb sitzen auf dem Kohlebehälter, sah vor sich hin und mich an, als wäre ich

Teil einer Landschaft, die er nicht verstand. Während ich schrie und weiter nach ihm warf.

Irgendwann ging Mattok weg. Als er langsam aufstand und an mir vorbei ins Maisfeld zurücklief, sah ich die vielen kleinen Schnitte in seinem Gesicht. Das Blut floss aber nicht, sondern klebte als feiner getrockneter Streifen auf der Haut. Kaum dass es sich durch die Schnitte nach außen gezwängt hatte, trocknete es schon.

Nicht einmal jetzt!, schrie ich Mattok hinterher, der beim Gehen die Maiskolben mit dem Fuß in die Furchen schob. Sogar dein Blut ist verstockt!

Mattok verschwand, ohne sich umzudrehen, im Feld.

Ich suchte noch ein paar größere Dinge, einen Eimer, ein Stück Zaun, eine Harke, ein halbes Backblech, die ich durch die Gegend warf, vor allem dorthin, wo Mattok gesessen hatte. Manches verbog ich oder schlug es so lange auf den Kohlebehälter, bis es auseinander fiel. Ich stank, meine Hände waren dunkel von Schmutz und Rost.

Dass Mattoks Gesicht sich so leicht zerschneiden ließ, während es an mir nichts gab, das sich abtrennte oder auflöste. Dass ich weiterhin in meinem Körper, fest und heil, herumlief wie ein harmloses Tier. Und weiterlebte. Dass ich nicht aufhörte zu leben.

Tanja Dückers

Gassi gehen

Um kurz vor vier schlüpft Annemarie in ihre gefütterten Stiefeletten, die sie kürzlich im Schuhhaus König gekauft hat. König, da hat schon die Großmutter immer ihre Winterstiefel gekauft und Annemarie kann sich nicht erinnern, als Kind einmal keine König-Schuhe getragen zu haben. Auf dem Absatz ist eine kleine dreizackige Krone eingestanzt; ihr Leben lang hat Annemarie, ob sie auf sandigen Wegen im Münsterland mit Adolf, auf feuchten Blätterwegen im Bayrischen Wald bei ihrer Schwester oder bei matschigem Schneeregen vor der Haustür spazieren ging, eine kleine Kronen-Spur hinterlassen.

Gestiefelt und gespornt steht Annemarie mitten auf der Heidestraße. Sie sieht nicht aus wie jemand, der gedankenverloren herumschlendert, sie sieht aus wie jemand, der auf etwas wartet. Sie schaut nach rechts und nach links, bis sie sich schließlich einen Ruck gibt und hoch erhobenen Hauptes die Heidestraße entlangmarschiert. »Adi!«, brüllt sie mit einer Stimme, die man ihr bei ihrer schmächtigen Gestalt gar nicht zugetraut hat. Adi ist ihr Spitzname für Adolf. In der Öffentlichkeit nennt sie ihren Hund nicht bei seinem vollen Namen, der bleibt für zärtliche Stunden zu Hause vorbehalten.

»Ich möchte nooooch maaaal zwanzig sein«, geht Annemarie der Ohrwurm durch den Kopf, den sie seit Tagen im Radio hört. Morgens beim Aufstehen, mittags beim Briefeschreiben, nachmittags beim Spazierengehen und abends beim Patiencenlegen hört sie den Song. Wenn sie Schritte im Treppenhaus hört, stellt sie das Radio schnell leiser, denn sie möchte nicht, dass die Nachbarn sich über sie – sie ist mit Abstand die Älteste aus dem Haus – lustig machen.

Jetzt geht Annemarie noch etwas aufrechter und nestelt an ihrem Halstuch. Heinz ist soeben um die Ecke gebogen. Heinz mit Blondie.

»Guten Abend, Herr Roderich, wie geht es Ihnen? Haben Sie auch schon gesehen, dass unsere Bäckerei umgezogen ist? Nach zwanzig Jahren! Jetzt müssen wir zwei Straßen weiter laufen, nur um unsere Brötchen zu kaufen!«

»Frau Riemenscheidt, freut mich, Sie wieder zu treffen. Ja, dass unser Bäcker umgezogen ist, habe ich leider auch schon bemerkt. Sehr bedauerlich. Wie geht es Adi? Die Verdauung wieder rege?«

»Ja, danke, Adi geht's wieder gut, ich habe ihm zwei Tage nur Weißbrotstückchen gegeben ...«

Annemarie und Heinz treffen sich oft am Nachmittag beim Gassigehen; bei jedem Treffen versucht Annemarie, ein bisschen mehr über ihn herauszufinden. Bisher haben sie nur über Belanglosigkeiten geredet, aber als sie sich die Namen ihrer Hunde nannten, haben sie sich beide mit einem tiefen Blick angesehen, der Annemarie durch Mark und Bein gegangen ist. So hat sie schon lange niemand mehr angeschaut. Dieses Verständnis ohne Worte, auf den ersten Blick.

Bei ihrer letzten Begegnung – seit Annemarie weiß, dass Herr Roderich mit seiner Blondie immer erst gegen sechzehn Uhr Gassi geht, ist ihr eigener Rhythmus entsprechend verschoben – hat sie herausgefunden, dass er Witwer ist. Nun beschäftigt Annemarie die Frage, wie lange der Tod seiner Frau wohl schon zurückliegt und welcher Herkunft Herr Roderich sein könnte. Er ist immer elegant gekleidet, heute trägt er einen hellgrauen Anzug und ein weißes Hemd. Er scheint nicht zu den Männern zu gehören, die sich nach dem Tod ihrer Frau gehen lassen, hat Annemarie geschlussfolgert.

»Wie alt ist Blondie denn, wenn ich fragen darf?« Annemarie lächelt Heinz vorsichtig an.

»Oh, schon fünf Jahre, das kann man ein wenig an ihren Augen und am Fell sehen, obwohl ich natürlich alles für sie tue«, gibt Heinz höflich zurück.

»So einem Hund fällt die Trennung von seinem Frauchen ja unglaublich schwer …«, traut sich Annemarie jetzt.

»Nein, nein, das ist schon länger her. Meine Frau ist gestorben, als wir noch Eva hatten« – wieder dieser lange Blick –, »und Eva hat sehr an ihr gehangen. Eva war so anhänglich! Ein Golden Retriever war das. Sie starb nur wenige Wochen nach meiner Frau. Doch nun teile ich mein Leben mit Blondie, nicht wahr? Hm? Noch mal Stöckchen holen?«

Heinz bückt sich und wirft einen kleinen Zweig mit einer schwungvollen Geste fort, die ihn richtig jugendlich erscheinen lässt.

»Und Sie? Leben Sie schon lange allein? Entschuldigen Sie, ich bin einfach davon ausgegangen, dass Sie allein leben … ich meine, mit«, Heinz senkt seine Stimme, »Adolf.«

»Ja«, haucht Annemarie. Einen Moment wird ihr so warm, dass sie nicht weitersprechen kann. Dann haspelt sie: »Seit dem Tod meiner Mutter lebe ich allein. Erst ist mein Vater gestorben, das ist schon sehr lange her, und nun, vor zwei Jahren, meine Mutter. Meine Schwestern leben alle woanders, ich bin die Einzige, die sich gekümmert hat.«

»Haben Sie denn immer bei ihren Eltern gelebt?«, fragt Heinz nun und betrachtet sie nachdenklich.

»Ja«, gibt Annemarie sofort zurück und beißt sich gleich darauf auf die Zunge.

»Aber Hunde hatten wir immer …«, bemüht sie sich noch schnell anzufügen.

Heinz lacht – ein helles, frisches Lachen, das Annemarie ein wenig verunsichert.

»Da haben wir etwas gemeinsam!«, fügt er aber noch an und schenkt Annemarie ein sehr warmes Lächeln.

»Ich muss nach Hause, meine Schwester Erika wollte anrufen …«, murmelt Annemarie, ruft »Adi!«, und lässt sich von Heinz ein »Auf Wiedersehen, bis zum nächsten Mal, Fräulein Riemenscheidt!« hinterherrufen.

Das »Fräulein Riemenscheidt« hallt noch lange

in Annemaries Gedächtnis nach. Woran erinnert sie diese Titulierung? Sie fühlt sich jung, als sie den Briefkasten öffnet, den Brief von der Sparkasse entnimmt und die zwei Treppen zu ihrer Wohnung rasch hinaufsteigt. Fräulein Riemenscheidt!

Als sie am Abend die Bilder-Patience legt, die ihre Mutter so geliebt hat und deren Regelhaftigkeit auf Annemarie beruhigend wirkt, denkt sie wieder über Heinz nach. Das ist das Schöne an Patiencen: Sie beanspruchen einen nicht so sehr, dass man über nichts anderes nachdenken kann, während man die Karten sortiert, aufdeckt, an eine andere Position schiebt. Gleichzeitig stellen sie – so wie für andere Leute vielleicht das Autofahren – eine Art Minimalbeschäftigung dar, die einem das Grübeln viel leichter macht als der Vorsatz, sich hinzusetzen, die Wand anzuschauen und dann ein Problem zu lösen.

Jetzt weiß Annemarie wieder, woran sie Heinz' »Fräulein Riemenscheidt« erinnert hat. Als Emil sie damals im »Zivilklub« zum Tanzen aufforderte, nannte er sie so. Und dann stand er eines Tages in der Tür, ihre Schwester Gerda öffnete, Annemarie versteckte sich hinter der Garderobe und hörte, wie Emil nach einem »Fräulein Riemenscheidt« fragte. Und Gerda lachte und antwortete: »Hier wohnen sieben Fräulein Riemenscheidts!« Emil hat ganz unglücklich geguckt und Annemarie tat jetzt so, als hätte sie gerade etwas Wichtiges zwischen all den Jacken, Mänteln und den vielen König-Stiefeln erledigt, und trat aus der Garderobe hervor.

»Das ist das Fräulein Riemenscheidt!«

Es war, als hätte Emil in diesem Moment damals gesagt: »Das ist die Richtige für mich!«

Aber Emil war damals siebzehn Jahre alt gewesen und Heinz Roderich war nun schätzungsweise Mitte, Ende siebzig wie sie selbst und sein Gesicht war von den Falten gezeichnet, die das Leben nicht Zeit gehabt hatte, in Emils junges Antlitz zu hinterlassen. Wie Emil jetzt wohl aussehen würde? Ausgesehen hätte? Wie müsste die Frage richtig lauten …? Annemarie dreht die letzte Karte der großen Bilderreihe um und es ist der Karo-Prinz mit seinen blonden Haaren und blauen Augen, den Annemarie von allen am liebsten mag. Der Herz-Prinz sieht wie ein Mädchen aus und die Kreuz- und Pik-Prinzen gefallen ihr nicht mit ihrem langen schwarzen Haar beziehungsweise dem gezwirbelten Schnurrbart.

Ding dong, ding dong, ding dong … Die große bronzene Standuhr schlägt zehnmal und Annemarie denkt an die gemütlichen Abendessen mit ihren Eltern; um diese Zeit sind sie immer erst zum Nachtisch übergegangen. Tee gab es nicht vor Mitternacht. Seit dem Tod ihrer Mutter ist Annemarie allein in der riesigen Wohnung und der Schlag der Standuhr fährt ihr jedes Mal in die Knochen.

Ihre Schwester Erika hat natürlich nicht angerufen, aber das ist ja auch nur eine Ausrede gewesen, um das Gespräch zu beenden, dessen Verlauf Annemarie plötzlich beschämt hat. Ob Heinz sie nun für eine alte Jungfer hält? Was muss er bloß von ihr denken? Sie weiß nicht mal, ob er Kinder, Enkel hat.

Annemarie beschließt, ein wenig zu putzen und aufzuräumen. Das ist eine ihrer Lieblingsbeschäftigungen, bei denen sie gern das Radio anstellt und Adolf ihr vergnügt um die Beine streicht. Adolf ist ein Bastard, eine Mischung aus einem Cockerspaniel und einem walisischen Terrier, ein unglaublich ungestümes Temperament hat er und einen großen Bewegungsdrang. Den ganzen Tag tobt er durch die 150-Quadratmeterwohnung, springt auf Anrichten und Hocker, hat vor nichts Respekt und wird von Annemarie, die ihn vergöttert, fast ununterbrochen zärtlich gerügt. »Adolf, lass die Spielkarten in Ruhe, nun spring nicht schon wieder ... runter vom Tisch, Adolf! Jaa, Männchen machen, das kannst du, ich weiß, ich weiß, du bist der Größte!«

Während Adolf um sie herumtollt, wischt Annemarie mit einem feuchten Lappen die Umschläge der Bildbände ihres Vaters ab: »Stalingrad – der verlorene Sieg«, »Die Wilhelm Gustloff – Untergang des berühmten KdF-Schiffs«, »Die Luftangriffe der Alliierten« gleiten durch ihre Hände. Es freut Annemarie jedes Mal, wenn die staubigen Umschläge wieder zu leuchten anfangen. »In den Farben des Frühlings und des Triumphs«, das hat Emil einmal gesagt. Seinen leicht ironischen Unterton hat Annemarie überhört. Noch zu Lebzeiten ihrer Eltern sind diese Bücher eingestaubt, denn zu Annemaries Enttäuschung haben sich die beiden nicht viel aus ihren Weihnachtsgeschenken gemacht. Ihr Vater hat den Stalingrad-Band einmal schweigend durchgeblättert und ihn dann mit einem tiefen Seufzer, den Annemarie nicht richtig zu deuten wusste, aus der Hand gelegt. Als Kind hat sie geglaubt, Papa wäre in Stalingrad gewesen. Auf dem Schulhof hat sie ihren Freundinnen, wenn alle darüber sprachen, wer oder was die Eltern gewesen waren, erzählt, ihr Vater wäre einer der 6000 unter den 270 000 Stalingrad-Soldaten gewesen, die lebend zurückgekommen seien. Sie hat damals keineswegs bewusst gelogen, war doch das Wort Stalingrad zu Hause des Öfteren leise tuschelnd hin und her gesprochen worden. Auf Annemaries neugierige Nachfragen bekam sie nie eine rechte Antwort, es hieß stets nur:

»Ein Mädchen interessiert sich nicht für den Krieg. Dein Vater war Soldat in Russland. Und nun kümmere dich um deine kleinen Schwestern.«

Erst später hat Annemarie erfahren, dass ihr Vater kein Stalingrad-Held war, sondern nur Truppenversorgungsmaßnahmen tausende Kilometer entfernt für die 6. Armee hat mittragen sollen – da aber Görings versprochene Hilfe aus der Luft wegen der vereisten Startbahnen in jenem kalten Winter ausbleiben musste, lungerte er eigentlich nur auf stillgelegten Flughäfen herum, bis er zur Verteidigung der »Heimatfront« abkommandiert wurde.

Annemaries Mutter hat den Bildbänden nie größere Beachtung geschenkt und sich über die viel zu grobmaschig gestrickten, unförmigen Topflappen der Kinder von Gerda viel mehr gefreut, schien es Annemarie damals. Ihre Mutter »interessierte sich nicht für Politik«. Die vielen Hunde, die ihre Eltern im Lauf der Jahre gehabt haben, hießen »Wasti«, »Prinz«, »Ferry«, »Tim« und »Liliput«.

Annemarie wischt kräftig mit dem Lappen über die gerahmten Familienfotos, tupft einmal vorsichtig das Bild von Emil ab, dann geht sie, nicht ohne Adolf noch »Gute Nacht« gesagt zu haben, ins Bett.

Am nächsten Morgen legt sie erst einmal ihren Arzttermin bei Dr. Pogge von 16.00 auf 18.00 Uhr um. Dann, erfreut über die Aussicht, später vielleicht noch Heinz zu treffen, macht Annemarie einen vormittäglichen Spaziergang. Verlaufen wird sie sich heute bestimmt nicht im Wäldchen hinter der Heidestraße, denn der feuchte Boden hinterlässt deutlich ihre Kronen-Spur. Und zwischen den Kronen sieht sie Adolfs kleine Abdrücke, die von seinem vielen Kreuz-und-Quergelaufe, seinem unberechenbaren Temperament, Zeugnis ablegen.

Vor ihr geht ein junges Pärchen, Studenten vielleicht, beide in blauen Steppjacken, der Junge hat seinen Arm um das Mädchen gelegt, sie hat eine Hand in eine seiner Gesäßtaschen gesteckt, ihre Köpfe sind einander zugeneigt. Es kommt nur sehr selten vor, dass solch ein Anblick Annemarie einen Stich gibt, aber heute ist wieder so ein Tag. Liegt es daran, dass sie gestern Emils gerahmtes Foto unter die Lupe genommen und geputzt hat, oder haben ihre Begegnungen mit Heinz damit zu tun? »Ich möchte nooooch maaaal zwanzig sein« geht Annemarie durch den Kopf; heute Morgen beim Zehennägel schneiden hat sie den Song wieder gehört. Ihre sechs jüngeren Schwestern haben alle geheiratet, zwei sind nun schon verwitwet, Ilse, die Jüngste, hat sich einmal scheiden lassen und neu geheiratet. Alle haben Kinder. Vierzehn Enkel hatten ihre Eltern, nur keines von ihr ... Annemarie versucht, die betrüblichen Gedanken zu verdrängen.

Später isst sie allein im Restaurant von Karstadt ihr schlichtes Lieblingsessen, in Alufolie gebackene Kartoffel mit Frühlingsquark. Dazu bestellt sie sich wie immer ein kohlensäurefreies Wasser. Um sie herum laufen Frauen, die Hemden, Unterwäsche, Rasierapparate für ihre Männer und Stifte, Schokolade und Handschuhe für ihre Kinder gekauft haben. Annemarie isst gern bei Karstadt, hier hat sie das Gefühl, etwas vom Leben mitzubekommen. Oft bestellt sie ein kohlensäurefreies Wasser nach dem andern, um noch etwas sitzen bleiben und die vorübereilenden Menschen beobachten zu können. Später kauft sie sich in der Damen-Oberbekleidungsabteilung noch eine himmelblaue Bluse mit Puffärmeln im Sonderangebot.

Um Punkt 16.00 Uhr tritt Annemarie mit Adolf auf die Heidestraße. Über ihrer neuen Bluse trägt sie, da es heute ungewöhnlich warm ist, nur eine weiße, mit silbernen Streifen durchwirkte Strickjacke. Der Wind fährt ihr durch den Dutt und sie muss die Haarspangen noch einmal festziehen. Kaum lässt sie Adolf aus den Augen, springt er schon vor ein Auto und wäre beinahe überfahren worden. »Adi!!!«

Manchmal, wenn er in seinen wenigen ruhigen Minuten bei ihr auf dem Schoß liegt und sie sein weiches Fell streichelt, fragt sich Annemarie, ob es nicht vielleicht ein Segen wäre, nicht zu wissen, dass man eines Tages sterben muss, kein Gedächtnis für Zeitabläufe, für verpasste Chancen zu haben. Für Adolf gibt es keine Zukunft, vielleicht ist er deshalb so leichtsinnig und heißblütig … »Adi!!!«, beinahe wäre er vor einen mit Baumstämmen beladenen LKW gerannt, nun trottet er in einer seltenen Anwandlung von Schuldbewusstsein zu Annemarie zurück. Adolf ist nicht anhänglich – auch dafür liebt sie ihn.

Plötzlich schreitet ein großer Hund mit leuchtend hellem Fell gemächlich auf die Straße. »Blondie!«, das ist Heinz' tiefe, warme Stimme. Annemarie kann sich eines Anflugs von Nervosität nicht erwehren. Nun kommt Heinz auf sie zu, heute trägt er einen cremefarbenen Anzug mit einem flaschengrünen Schal. Wie Emil sich wohl heutzutage kleiden würde?

»Ihr Adolf ist wirklich ein wilder Hund, dem lassen Sie ja die Zügel ganz schön locker!«, spricht Heinz sie jetzt an, wobei er die Hände artig hinter dem Rücken verschränkt und sich zur Begrüßung ein wenig verbeugt. Annemarie sieht zu Adolf hin, der jetzt durch einen fremden Vorgarten springt, ein Bein hebt und einen Gartenzwerg anpinkelt.

Annemarie errötet, dann senkt sie die Augen wie ein Schulmädchen. Hoffentlich guckt jetzt niemand aus dem Fenster! »Adi ...!«, ruft sie flehentlich. Adolf stolziert, als hätte er eine Heldentat vollbracht, in den nächsten Vorgarten, um dort auf einem Blumenbeet Erde umzupflügen.

»Ist mir das alles unangenehm ...!«, flüstert Annemarie und schlägt die Hände vors Gesicht. Es ist, als würde Adolf, kaum ahnt er, Publikum zu haben, sich besonders schlecht benehmen.

»Entschuldigen Sie, dass ich Sie so etwas frage«, Heinz tritt etwas unbeholfen von einem Fuß auf den andern, »haben Sie Kinder?«

Auch das noch. Jetzt meint er, meine mangelnden erzieherischen Fähigkeiten auf meine Kinderlosigkeit zurückführen zu können, und vielleicht hat er sogar Recht! Annemarie weiß nicht mehr, wie sie die Situation noch retten kann.

»Ich hab mich immer viel um die vierzehn Kinder meiner Schwestern gekümmert!«, gibt sie ausweichend zurück und fasst Heinz ins Auge, um seine Reaktion zu beobachten.

»Fräulein Riemenscheidt, ich will Ihnen doch keinerlei Vorwurf machen, auch ich habe keine Kinder – man kann sich doch nicht alles im Leben aussuchen, nicht wahr? Die große Politik ist ganz anders gelaufen, als, wie soll ich sagen, ich mir das in jungen Jahren gewünscht habe, und im Privaten ... wir hätten gern ein Kind gehabt, Hilde und ich, aber ... es sollte wohl nicht sein. Und jetzt verwöhne ich Blondie ...«

Annemarie tritt nun einen Schritt näher an Heinz

heran. Wie liebenswürdig er ist, wie er ihr die Last der Scham der Kinderlosigkeit abgenommen, sich mit ihr solidarisiert hat! Jetzt ist sie die, die ihm einen langen Blick zuwirft. Und sie sieht, wie seine Augen kurz ihr Gesicht abtasten, dann herabgleiten auf ihre himmelblaue Bluse.

»Haben Sie schon ... also, entschuldigen Sie, das ist jetzt eine ganz andere Frage ...«, Annemarie hält einen Moment inne. Darf sie das wagen? Doch jetzt ist sie schon zu weit gegangen, wie könnte sie sonst diesen Satz zu Ende führen?

»Was möchten Sie denn wissen, Fräulein Riemenscheidt?«

Heinz lächelt sie an, reibt sich erwartungsvoll die großen Hände mit den gepflegten Nägeln.

»Nun, wie soll ich sagen ... haben Sie schon Pläne für ... übermorgen? Ich meine, da jährt sich ja Stalingrad ... ich möchte einen Kranz niederlegen.«

Jetzt ergreift Heinz ihre Hände und Annemarie klopft das Herz bis in den Hals.

»Fräulein Riemenscheidt, ich war in Stalingrad! Dass Sie übermorgen mit mir gemeinsam zum Denkmal des Unbekannten Soldaten gehen wollen, das rührt mich ungemein ...!«

»Sie waren in Stalingrad?«

Für Annemarie hätte es keinen romantischeren Gesprächsverlauf geben können. Heinz führt sie nun in ein Café am Hindenburgdamm, wo sie beide Schwarzwälderkirschtorte essen und sich lange miteinander unterhalten. Die Übereinstimmung in ihren Weltbildern ist frappierend – sie tuscheln miteinander wie Teenager im Klassenzimmer, deuten Begriffe und Namen an, benutzen nur Eingeweihten vertraute Abkürzungen, lassen manche Worte ganz aus und ersetzen sie durch lange Blicke. Und immer wieder gleitet Annemaries Blick über Heinz' schöne, große, gepflegte Hände, die so unruhig an dem Griff des kleinen Teekännchens spielen.

Es ist neun Uhr abends, als Heinz sie nach Hause bringt, nicht ohne sich mit einer galanten Verbeugung von ihr zu verabschieden und ihr mit fester, keinen Widerspruch duldender Stimme ein »Bis morgen!« zuzurufen. So hat sie sich immer einen richtigen Mann vorgestellt! Nicht so wie den Herz-Prinzen mit diesem unsteten Blick ins Vage ... viele Vergleiche hat sie ja nicht.

Als Annemarie später Adolf Rinderherzen und Putenbrust auf seinem Meißner Porzellanteller serviert, ist sie so fahrig, dass ihr das gute Erbstück beinahe aus der Hand rutscht. Adolf springt hektisch um sie herum, ihre Nervosität scheint seine heute noch gesteigert zu haben. Als er mit einer Pfote eine Serviette vom Tisch reißt, auf der ein Glas Holunderbeerkompott stand, sodass sich ein gewaltiger violetter Fleck auf ihrem Schoß ausbreitet, tätschelt sie Adolf den Kopf. »Was hast du bloß schon wieder angerichtet! Du kleiner Racker, du süßer Kobold, na na ...«

Später, als sie im Bett liegt, versucht sie sich genau an Heinz' Blick, seine Stimme und seine Hände zu erinnern. Sie ruft sich das Spielen am

Griff des Teekännchens, sein Flüstern zwischen den Kuchenbissen in Erinnerung. Doch es sind immer nur Emils Blick, Emils Stimme und Emils Hände, die sie plötzlich unglaublich deutlich vor sich sieht. Emil.

Zum ersten Mal in ihrem Leben weint Annemarie nicht über ihren Vater, ihre Mutter, ihre Tanten und Onkel und über wessen Ableben sie noch so alles geweint hat in den letzten Jahren. All die Menschen, die sie gepflegt und in den letzten Stunden begleitet hat. Ihre wochenlangen Weinkrämpfe sind ihr schon damals peinlich gewesen und trotz ihrer großen Liebe zu diesen Menschen etwas unverhältnismäßig erschienen. Nun weint sie zum ersten Mal einfach nur über Emil.

Emil.

Emil, der blonde Junge mit den klaren blauen Augen, der sie im »Zivilklub« zum Tanzen aufgefordert hat. Der mit Politik nichts am Hut hatte, aber in den Krieg zog, wie es viele junge Männer damals, mit Abenteuerlust in den Augen und vagen Sprüchen übers »Vaterland«, getan haben. Emil, der über Hitler gespottet hat und es sich nicht nehmen ließ, bei »Grünberg« Schreibwaren zu kaufen, bis er Prügel kassierte.

Emil, der mit ihr abends ins Kino und tanzen gegangen war, der im Sommer eine Kutsche mietete und Eis essend mit ihr durchs Münsterland fuhr. Emil, der ihre Fingerkuppen schüchtern geküsst und ihre Handinnenflächen unendlich zärtlich gestreichelt hatte – an jenem Augustabend, als sie beschlossen, sich zu verloben.

Emil, der gleich darauf eingezogen wurde, erst in Polen nichts Berichtenswertes vollbrachte, sondern einfach nur nicht umkam, und schon am ersten Tag seines Einsatzes bei der Luftwaffe über dem Ärmelkanal abgeschossen wurde. Emil, der vom Militär keine Ahnung und für Flugzeuge kein Interesse gehabt hat. Emil, der wahrscheinlich auf die vielgestaltigen Formen der Wolken geschaut und geträumt hat, als er abgeschossen wurde.

Emil.

Annemarie weint weiter. Nach einer Weile fühlt sie plötzlich mehr Wut als Trauer. All die Menschen, allen voran ihre Eltern, die ihr vorgeworfen haben, sie würde die Nazi-Ära nur hochhalten, um in Emils Tod irgendeinen Sinn zu sehen. Die behaupteten, sie würde ihre Aggressionen gegen die, denen Emil seinen sinnlosen Tod zu verdanken hat, nicht ertragen können und deshalb Sympathie für ihre Feinde, für die, die ihr Lebensglück zerstört haben, entwickeln.

»Du musst mal 'ne Therapie machen«, hat Gerda zu ihr gesagt. »Nazi-Zicke«, hat einmal an ihrer Wohnungstür in braunen Lettern gestanden. Und die vierzehn Kinder ihrer sechs jüngeren Schwestern schauten sich verstohlen an, wenn das Thema – durch eine Radiosendung oder die Tagesschau – zufällig auf das Dritte Reich kam. All diese Demütigungen ...!

Annemarie weint nicht mehr, sie wirft ein gerahmtes Foto auf den Boden. Der verästelte Sprung, der nun über das ebenmäßige Gesicht ihres Vaters läuft, der ihrer Mutter einen Arm abtrennt ...

Annemarie starrt erschrocken auf das Bild, ihre Hände zittern. Als Adolf jetzt heranspringt, zählt sie bis zehn, hält die Luft an, dann befördert sie den Hund mit einem festen Tritt aus ihrem Schlafzimmer. Adolf ist so erschrocken, dass er ganz brav draußen sitzen bleibt.

Annemarie tritt nun wie betäubt ans Fenster. Lautlos gleitet ein Flugzeug über die Häuserzeile am Hügel, seine Lichter zucken gleichmäßig über den nächtlichen Himmel, manchmal verschwindet es in einer Wolke und taucht dann leuchtend aus dem Nichts wieder auf. Annemarie steht vor dem Fenster und kann ihren Blick nicht von dem scheinbar schwerelosen Objekt wenden. Nun muss sie doch wieder weinen. Wie oft hat sie sich damals nach ihrer Verlobung vorgestellt, wie es sein müsste: das erste Mal. Wie oft hat sie an Emils Lippen gedacht, die ihre Fingerkuppen geküsst, an seine schlanken Hände gedacht, die ihre gestreichelt haben. Wie lange hat sie von diesen Berührungen gezehrt. Gewartet. Feldpost. Fronturlaub. Hochzeit verschoben. Auf die Hochzeit gewartet. Termin festgelegt. Im nächsten Fronturlaub. Gewartet. Gewartet. Keine Feldpost mehr. Die Todesnachricht.

Am nächsten Morgen verschiebt Annemarie als Erstes ihren Termin bei Dr. Pogge von 18.00 auf 16.00 Uhr. Sie wird heute keinen Gassigang machen. Sie wird überhaupt keine Gassigänge mehr machen. Sie wird, auch wenn sie in schwachen Momenten ihm nachtrauern wird, den Teufelsbraten in ein Tierheim bringen. Wenn Herr Roderich bei ihr klingeln sollte, wird er lange klingeln können. Sie wird nicht aufmachen. Sie will nicht mehr von ihm geküsst, verführt werden. Und sie wird morgen keinen teuren Kranz niederlegen; für das Geld wird sie sich zu ihrem Geburtstag, der zufällig der gleiche Tag wie der Tag der Kapitulation von Feldmarschall Paulus ist, einen Vogelkäfig und bunte, zwitschernde Wellensittiche kaufen. Emil ist tot.

Als Annemarie nun mitten in der Nacht im Wohnzimmer herumläuft, um einige Pflanzen umzustellen und Platz für den zukünftigen Vogelkäfig zu machen, fällt ihr auf einmal auf, dass der ganze mausgraue Teppich mit unendlich vielen kleinen Kronen übersät ist. Muster, Spiralen – vom Tisch mit ihren Patience-Karten bis zur Anrichte mit den Familienfotos –, die sich unendlich oft im Kreis zu drehen scheinen.

Die Autorinnen

Simone Buchholz, geboren 1972 in Hanau, studierte Philosophie und Literatur. Seit 1997 lebt sie in Hamburg, arbeitet als Autorin und Journalistin und veröffentlichte Erzählungen in verschiedenen Zeitschriften und Anthologien. 2003 erschien ihr erstes Buch unter dem Titel »Der Trick ist zu atmen«.

Tanja Dückers, geboren 1968 in Berlin, studierte Amerikanistik und Germanistik. Sie veröffentlichte erste Lyrikbände und 1999 ihren ersten Roman »Spielzone«. 2001 folgten der Erzählungsband »Café Brazil« und der Gedichtband »Luftpost«. Ihr jüngstes Buch, der Roman »Himmelskörper«, erschien im Frühjahr 2003. Sie lebt als freie Schriftstellerin in Berlin.

Heike Geißler, geboren 1977 in Riesa, wuchs dort und in Chemnitz auf, studierte Amerikanistik, Politik und Geografie in Dresden, Hispanistik und Literaturwissenschaften in Halle, wo sie heute als freie Autorin lebt. 2002 erschien ihr erster Roman »Rosa«, für den sie mit dem Alfred-Döblin-Förderpreis ausgezeichnet wurde.

Bettina Gundermann, geboren 1969 in Dortmund, entdeckte mit 14 Jahren den Tanz und war später als Tanzdozentin tätig. Heute lebt sie als freie Autorin in ihrer Heimatstadt und wurde dort mit dem Förderpreis für junge Künstler ausgezeichnet. 2001 erschien ihr erster Roman »lines«.

Alexa Hennig von Lange, geboren 1973 in Hannover, war Model und als Drehbuchautorin für RTL tätig, ehe sie 1997 ihren ersten Roman unter dem Titel »Relax« veröffentlichte. Es folgten die Bücher »Ich bin's« (2000), »Ich habe einfach Glück« (2001) und die Kindheitsgeschichte »Lelle« (2002). Für »Ich habe einfach Glück« wurde sie mit dem Deutschen Jugendliteraturpreis 2002 ausgezeichnet. Sie lebt als freie Autorin in Berlin.

Sandra Hoffmann, geboren 1967, studierte nach ihrer Ausbildung zur Jugend- und Heimerzieherin Literaturwissenschaft, Mediävistik und Italienisch in Tübingen. Heute lebt sie dort als freie Autorin. 2002 erschien ihr erstes Buch unter dem Titel »Schwimmen gegen Blond«, eine Erzählung in zweiundfünfzig Tagen.

Henriette Kuhrt, geboren 1977 in Hamburg, studiert Journalistik, Politik und Wirtschaftsgeschichte in München und Salamanca. Sie wurde mit dem Kritikerpreis des Literarischen Salons Hannover ausgezeichnet. Im Herbst erscheint ihr erstes Buch, der Erzählungsband »Milchmädchenrechnungen«.

Julia Schoch, geboren 1974 in Bad Saarow, einer Kleinstadt in Brandenburg, studierte Germanistik und Romanistik in Potsdam, Paris und Bukarest. Heute lebt sie in Potsdam und unterrichtet dort an der Universität französische Literatur. 2001 veröffentlichte sie ihren Erzählungsband »Der Körper des Salamanders«.

Malin Schwerdtfeger, geboren 1972 in Bremen, studierte Judaistik und Islamwissenschaft und lebt heute als freie Schriftstellerin in Berlin. 2000 erhielt sie in Klagenfurt einen Preis bei den Tagen der deutschsprachigen Literatur. 2001 erschien ihr Erzählungsband »Leichte Mädchen«, ein Jahr später der Roman »Café Saratoga«.

Silvia Szymanski, geboren 1958 in Merkstein im Rheinland, ist Sängerin der Gruppe Tortuga Jazz und Autorin. Ihr erster Roman »Chemische Reinigung« erschien 1998. Im Jahr darauf folgte der Erzählungsband »Kein Sex mit Mike«, 2000 der Roman »Agnes Sobierajski« und zuletzt 2002 der Roman »652 km nach Berlin«. Sie lebt in Herzogenrath bei Aachen.

Alissa Walser, geboren 1961 in Friedrichshafen am Bodensee, studierte Malerei in New York und Wien und ist heute Übersetzerin und Autorin. 1992 wurde sie mit dem Bettina-von-Arnim-Preis und dem Ingeborg-Bachmann-Preis ausgezeichnet. 1994 veröffentlichte sie ihren ersten Erzählungsband »Dies ist nicht meine ganze Geschichte«, 2000 folgte das Buch »Die kleinere Hälfte der Welt«. Sie lebt in Frankfurt am Main.

Maike Wetzel, geboren 1974 in Groß-Gerau, studierte an der Hochschule für Fernsehen und Film in München und beendete 2002 ihr Studium mit dem Film »Norwegen«. Sie lebt als freie Autorin in Berlin und wurde u. a. mit dem Bayerischen Förderpreis für Literatur ausgezeichnet. 2000 erschien ihr erstes Buch, der Erzählungsband »Hochzeiten«.

Inhalt